U0006459

練習放手

致 失去摯愛的人

你不需要忍住悲傷，
與失落中的自己對話

Modern Loss

Candid Conversation About Grief. Beginners Welcome.

著＼蕾貝卡・索佛（Rebecca Soffer）

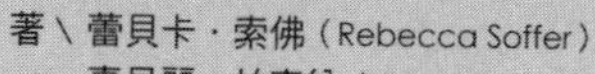

嘉貝麗・柏克納（Gabrielle Birkner）

譯＼洪慈敏

各界推薦
Advance praise

「喪親的話題令人恐懼，但本書並非如此。它讓你了解到即使長時間陷入深沉的哀傷，你的心也不會從此破碎不堪。這些故事出乎意料地有趣又真誠，重點不在於死亡，而是人生，以及在失去中獲得成長的力量。」

——史蒂芬．荷伯（Stephen Colbert），主持人、演員

「終於有一本書能夠毫不避諱地談論喪親，並在從未被踏足的領域中尋得啟發、幽默以及最可貴的光明面。《練習放手：你不需要忍住悲傷，與失落中的自己對話》是我們集體的『現代收穫』。」

——戴蒙．林道夫（Damon Lindelof），《LOST檔案》、《末世餘生》共同創作人

「《練習放手：你不需要忍住悲傷，與失落中的自己對話》在哀悼和死亡之中顯露生命的光輝。這部作品直率、強烈、迷人、詼諧、有趣又充滿驚喜，絕對不是一般的臨終書籍。」

——大衛．義賽（Dave Isay），StoryCorps創辦人

「喪親往往令人大受打擊，但本書坦誠又風趣，讓經歷這件事不再那麼孤立無援。我想把《練習放手：你不需要忍住悲傷，與失落中的自己對話》推薦給曾經、正在和即將面對同樣議題的所有人。」

——安娜．塞爾（Anna Sale），主持人

「《練習放手：你不需要忍住悲傷，與失落中的自己對話》深入淺出、幽默諷刺、追根究柢並且撫慰人心，真希望當初我在母親五十五歲離世時能有這樣的書來引導我走出哀傷。索佛與柏克納集結的這部作品讀起來就像和摯友坐下來吃一頓晚餐，又哭又笑地分享人生中最刻骨銘心的經驗。」

——梅根．歐羅克（Meghan O'Rourke），《漫長的告別》作者

「情感濃烈動人的《練習放手：你不需要忍住悲傷，與失落中的自己對話》創造了一個安全地帶，我得以閱讀一向都很害怕的死亡主題並從中獲得慰藉。它讓我在最需要的時候喘了一口氣。大家都有這種時刻。」

——**凌志慧（Lisa Ling），CNN《漫談人生》主持人兼監製**

獻給我們的父母以及子女

雪比（Shelby）與雷伊（Ray）

露絲（Rath）與賴瑞（Larry）

羅尼（Roni）與艾倫（Allan）

諾亞（Noah）與艾略特（Elliot）

薩爾（Saul）與漢克（Hank）

戰爭的相反不是和平……而是創造。

——強納生．拉森（Jonathan Larson），

《吉屋出租》（*Rent*）

CONTENTS

CONTENTS

CONTENTS

遺產：我們這些所有人……

CONTENTS

資料：數位世界中的失「親」招領

CONTENTS

CONTENTS

CONTENTS

創辦人自序

Introduction

嗨，我們是蕾貝卡與嘉比，真希望當初我們沒有理由相遇，不過現在覺得能夠認識彼此，很是慶幸。

二〇〇七年春天，我們六個二十多歲三十出頭的女子，參加了一場晚餐派對，地點在曼哈頓一處狹窄的無電梯公寓裡，屋內沒有飯廳，冷氣也不夠強。一陣尷尬的寒暄後，大家圍成個圈坐了下來，腿上搖搖晃晃的是裝滿烤通心粉的塑膠盤。派對主人是大家共同的朋友，其他人則互不相識。我們不知道彼此有沒有共同點，除了大家似乎都很喜歡起司、汗腺很發達，以及人生都失去了至少一名至親。

就是最後這一點，讓我們出現在這裡。

前幾分鐘，大夥默默地大眼瞪小眼。終於有人說話後，接著便輪流發言。很快地，大家滔滔不絕地講出自己的故事，就跟口中正緊張啜飲的廉價紅酒「兩元拋」（Two Buck Chuck）一樣，未經過濾。我們把那鍋義大利紅醬吃個精光，同時也餵飽了集體的渴望——不，應該說是需求——分享經驗、恐懼與憤恨的需求。

於是，我們獲得了巨大的慰藉，即使知道重要親屬在期望中的未來里程碑（領養狗兒、買房、結婚、生子、轉職……令人興奮的成功與愚蠢的過失）會惱人地缺席。同時也證明了我們沒發瘋，就算是早就過了傳說中「最糟的第一年」，卻還沒走出來，或想要揍扁下一個白目問出「不……說真的……你過得好嗎？」的傢伙。人們都保證「時間會治療一切」，或說我們會「熬過這一關」，但他們又了解狀況了？

在紐約這種大都會，隨便都有穿著熊裝的人給你擁抱，卻遍尋不著年紀相仿的人，能夠理解自己正在經歷的痛苦，或至少好好聆聽我們真實的心情（畢竟是他們問的）。

在那場重要晚餐派對的三年前，當時二十四歲的嘉比在社區報社的編輯室寫訃聞——對，真的——得知她的父親賴瑞與繼母露絲被謀殺。一連串的狀況，導致他們喪命：他們家的水管結凍，於是打電話給地方水電行，對方派了個前科累累的毒蟲來修理。這個人大約一個月後又來到他們家，在這之前他嗑了四天藥，預謀將顧客洗劫一空；最後他在這間低調的西南部錯層式（split-level）房屋裡，把嘉比的父親與繼母活活打死。這間房屋可以看見亞利桑那州塞多納（Sedona）的紅岩地景，人們都說能坐擁這些景色「死也甘願」，結果他們真的就這麼死了。這對夫妻貼心、高尚又勤奮，總是充滿活力、決心與冒險精神，外表看起來比實際年輕，卻這麼死了。

二〇〇六年勞動節的深夜，就在那頓烤通心粉晚餐派對的六個月前，蕾貝卡的雙親雪比與雷伊，在全家一年一度的阿迪朗達克（Adirondack）喬治湖（Lake George）露營之旅後，順路送她到紐約市，接著上高速公路回費城老家。道別親吻與擁抱後不到一個小時，他們在昏暗公路上撞到不明物體，導致了嚴重車禍，雪比當場死亡，於是蕾貝卡失去了母親。發生意外的這條公路，之前總是把他們安全地帶往彼此身邊。

雪比去世後四年，雷伊在加勒比海搭遊輪旅行，試圖在失去人生摯愛後勉強找點樂子。某個深夜，他在自己的艙房內心臟衰竭過世。蕾貝卡害怕的夢魘成為了現實，突然之間她成了孤兒，這個詞原本總讓她聯想到狄更斯筆下緊抓著凹陷桶子不放的稚兒角色。

我們比身邊的朋友早了幾十年體驗這種悲痛，完全是一場爛戲。當時蕾貝卡白天（有時晚上也是）為《荷伯報告》（*The Colbert Report*）製作政治諷刺橋段。節目錄影時，她會掛上假笑，疑惑大家怎麼可以在她心愛的美麗母親死掉後還能笑得這麼開心。父親過世後，她無法理解大家怎麼可以快樂地訂薯條，而她正飄移於過渡地帶，跟所知的一切疏離。

對嘉比而言，她收到噩耗那天所寫的兩則訃聞——一則給爸爸、另一則給繼母——是她訃聞寫作生涯的最後作品。她在艱難的坐七（shiva）結束後回到工作崗位，仁慈的主編把她調去交通線，畢竟報導通勤鐵路會遇到崩潰的點一定比較少。然而起初她還是難忍悲傷，不管身在何處或跟誰談話都一樣，包括某次為了I-95走廊（95號州際公路的簡稱，I-95 Corridor）貨櫃聯結車安全的報導文章所訪問的司機。有些人跟這名卡車司機一樣應付得當；其他人則顯然（但可以理解地）束手無策。她的朋友們也是如此。

為了找到同病相憐的人取暖，蕾貝卡參加了一個喪親子女的哀悼互助團體。大家人都很好，但她是唯一的非退休者。在這個團體中感覺孤立的她，僅去了一次，覺得無法建立情感連結就退出了（但她獲得了很棒的蘑菇大麥湯食譜）。蕾貝卡從父母友人身上尋求慰藉，但很快地發現每個人——包括許多她自己的好友——最後還是得回去面對各自的生活與問題。她找到一名優秀又溫暖的悲傷諮商師，付費讓專家幫助她過上有品質的生活，卻還是……少了些什麼。她需要見見其他有類似經驗的人。

嘉比在互助團體方面的運氣比較好。她每隔一週跟一群同樣因為凶殺案喪親的人士聚會，他們大多失去了年輕的成年子女。這些女性（與一名男性）用多數人做不到的方式理解她。他們從未建議她一年、兩年或二十年後「走出來」。那是永遠的創傷，團體裡所有成員都很清楚。

不過，夜深人靜時，我們的腦海都是千頭萬緒。我們打開筆電尋求安慰，但搜尋的總是「兩年後還走不出來，我是不是很可悲？」或「我可以連續幾天只吃起司通心麵？」這種語句。搜尋結果為微微閃爍的電子蠟燭、談論宗教與正念的部落格，以及《今日心理學》（*Psychology Today*）文章，暗示我們可能真的快發瘋了（良心建議：別看《精神疾病診斷與統計手冊》〔*DSM-IV*〕）。

事實上，我們並不會總是想要充滿正念或禪修靜坐；不想要聽到「萬事皆有因」、「天堂需要另一個天使」，或任何適合繡在抱枕上的句子。我們很不爽，也很迷惘，需要有人理解當你遭遇人生最大的痛楚時，任何事都可能是潛在爆點；上班通勤在地鐵上哭花一張臉是完全可以被接受的；或在約會時聽到死去的父母被提及而陷入沉默；或避開萬聖節，只因人們會為好玩而扮成謀殺事件的受害者。

那需要一點時間。比預期的還要長，但我們慢慢地把自己拉出個人的洞穴。那是因為我們決定別再為走不出悲傷而感到抱歉或丟臉。

自從朋友辦了那第一場尷尬的晚餐派對，我們這群容易出汗的起司愛好者每個月聚會一次。由於不想使用「互助團體」這個詞，所以自稱「失親女子」（Women with Dead Parents），或「WWDP」，感覺比較霸氣（後來發現這也是「液體差壓」〔wet-to-wet differential pressure〕的縮寫，氣勢銳減）。

我們分享了自己的小故事——好的、混亂的、鬱悶的，以及黑色笑料。結果我們並不是唯一不去朋友婚禮，只為了避免看到驕傲的父親牽著女兒走紅毯的人；不是唯一好不容易在鬧鐘響的兩個小時前入睡，卻因為死去雙親出現在夢裡而轉醒的人；不是唯一被留下來整理父母未完成的生活點滴——相框裡的照片、瀝水籃、用了一半的洗髮精——並懷疑自己怎麼可能把這些東西丟掉的人；也不是唯一因為破爛的舊搖椅而跟親戚陷入冷戰的人，這類物品賣不了什麼錢，但蘊含的情感無價。

WWDP的成員不會去質問別人為什麼要在鰥寡父／母親的新「朋友」突然比

較頻繁地出現後，用死去母／父親的照片過度裝飾鰥寡父／母親的家。我們會不約而同地驚呼：「搞屁啊！」因為某人說起社群網站「領英」（LinkedIn）建議她跟死去親人的笑臉成為聯絡人。當遇到結婚對象時——前提是有人願意接受這種損壞商品——我們會很怨恨地了解，父母永遠不會在晚餐時失禮地盤問人家政治傾向而把場面弄得很僵。若找到真的願意跟我們結婚的人，我們會陪彼此試禮服、在婚禮上一起跳舞，盡力彌補失去親人的空虛。

在我們這個小小的社群當中分享經驗的力量很強大，之前缺乏有共鳴的發洩管道又如此令人沮喪。蕾貝卡與嘉比因此結為好友，進而成為至交，兩人加起來又有數十年的媒體經驗，最後決定一起創造一個平台。

二〇一三年十一月，我們發起了《現代失落》（Modern Loss）線上刊物，當時兩人都大腹便便，即將生產。這個網站運作的動力是坦率的故事分享，骨幹是以實際建議助人熬過波濤洶湧的失親之痛。

《現代失落》有助於破除這個漫長過程的迷思。你日日夜夜、永無止盡地沉浸在悲傷之中，一路上忍受數不清的觸發點。希望大家了解，雖然殘酷的現實是我們必須在重要親人不在的情形下過活，但他們不是破碎的，生活會繼續前進，而且可以很美好——即使當下你覺得不可能。相信我們，我們有很長一段時間也是如此。

在告訴大家這個計畫時（「對，一個有關與哀慟共存的網站，你沒聽錯！」）得到的反應是「好黑暗」、「聽起來令人沮喪」或「肯定賺不了錢」。我們又沒問這方面的意見，只想要大喊：「保證不詭異！」但這樣可能沒什麼幫助。

撇開反對者，我們從自身經驗當中知道這個需求真實存在。許許多多的人與組織給了我們動力，默默地鼓勵我們繼續下去，引介其他真心要分享故事的人，並提供免費的辦公空間及技術支援，讓我們能把精力集中在工作上，不用去煩惱熨斗街區（Flatiron）哪裡有咖啡店提供免費WiFi（感謝二十二街和百老匯大道交叉口的Argo Tea）。我們的使命讓這些人動了起來，因此我們深信《現代失落》絕對不會令人沮喪，它的重點在於韌性。如同治療師說的，不只是為了生存，還要茁壯。或如同蕾貝卡的媽媽說的，做出雞肉沙拉而非雞屎（沒什麼邏輯，但夠生動）。

計畫發起後，我們很快地建立了一個數位社群，成員都是我們期待有天能見面並一起喝上幾杯的人。這個社群規模大到我們不敢請客，集結了各種跨越邊界與背景的故事。這個社群讓不想再聽陳腔濫調的人可以誠實地談論哀慟，就跟談論工作、感情生活或是暗自厭倦「千禧粉」（millennial pink）一樣。這個社群寧願喝碗熱騰騰的雞湯，而非閱讀一整本書的隱喻。

上線後，我們發表了數百篇原創散文——有些作者你可能耳熟能詳，有些作者則提供各種扣人心弦的新聲音。他們述說當臉書比他們還早知道爸爸去世的消息是什麼感覺（很悲慘，但真的就這麼發生！），還沒走出喪親之痛卻被分手是什麼感覺（一樣很悲慘！），以及母親死後多年第一次以自己的方式慶祝母親節是什麼感覺（好啦，還算不錯）。我們也談論許多人認為不禮貌的話題，例如需要處理某人死後的社群網站帳號嗎？需要建議如何整理某人的遺物嗎？我們都有答案。想要追思可怕的忌日、在葬禮後回到工作崗位或有個不落俗套的紀念刺青嗎？我們全都有經驗。

然而《現代失落》不只是個線上刊物；它已經成為一個運動，改變我們談論悲傷與哀慟的方式——這是普世經驗（如果所謂的普世經驗存在），但令人意外地仍是禁忌話題，至少在美國是如此。這個運動已經吸引許多志同道合的夥伴注意，其中有些人已經在我們舉辦的活動上見過，包括電影放映會與說故事聚會，大家又哭又笑地喝著威士忌加冰塊。我們還發想出點子讓其他人參與並支持彼此，像是足以列入《金氏世界紀錄》的「史上最大規模喪親人士交換禮物」，將近一百五十名在母親節觸景傷情的參與者，藉此機會與同病相憐的陌生人交換禮物和卡片（好啦，這活動應該沒什麼競爭者）。我們也引起了全美媒體及類似組織的注意，他們在自己的網站和頻道上報導我們的故事，並邀請我們到美國各地及英國演講和授課。原來需求遠比我們想的還要大。

所以，才會走到今天。

《現代失落》一直以來的願景就是成為任何人都可以接觸的社群，不管他們來自哪裡、失去哪個親人或喪親了多久（如同我們所說的，歡迎新手加入）。這個社群開放給所有因為失去至親（即使彼此有心結）而陷入悲傷的人，以及周遭關心他們的人。這就是為什麼我們想要一起寫書，並邀集一群作者來分享與哀慟共存的各種獨特見解。重要的是，這種事跟朋友一起做總是比較好玩，也比較有影響力。本書涵蓋的經驗廣泛，將證明悲傷的規則就是沒有規則，跟在雷電路（Thunder Road）上一樣（對，我們引用了《火爆浪子》（*Grease*）的台詞，那又怎樣？）。而我們真心希望下次你遇到喪親的朋友，可以停下來想辦法拉他們加入，並與他們產生連結。總是有辦法的。

重點來了，有關死亡與哀悼的社會風俗正在產生轉變。大家開始用自己的方式面對喪親之痛，而非依照社會設定的傳統形式。在我們生活的時代，保羅．卡拉尼提（Paul Kalanithi）以回憶錄《當呼吸化為空氣》（*When Breath Becomes Air*）記錄自己在肺癌末期失去和擁抱生命的歷程，作品不但入圍普立茲獎最後決選，還成為全美暢銷書。在我們生活的時代，有個湯博樂（Tumblr）帳號專門發布「葬禮自拍照」（你可以批判，但它的存在是個事實）。在我們生活的時代，美國新任總統喬．拜登（Joe Biden）在民主黨全國代表大會上向過世兒子波伊（Beau）祈禱時，直視鏡頭、眼裡噙著淚水引述海明威的話：「『這世界會打擊每個人，但經歷過後，有些人會在受傷的地方變得更強大。』我在受傷的地方變得更強大了。」

同樣重要的是，我們處在一個關鍵時刻，美國有一大部分的人口，因為私人與公眾悲劇而產生連結——父母死亡、校園槍擊案、朋友自殺、恐怖攻擊或警察暴行。我們透過社群網站串流、最新的流行文化迷因（meme）貼文或#懷舊照片（#tbt）回憶跟這些故事產生連結。我們可能會「按讚」或留言，也可能不會，但我們絕對不會把它們撇開。談到這些平台，我們了解哀悼是很複雜的事。一個表情符號無法取代實際上給予喪親者的陪伴。但能夠觸發一次電子郵件往來的表情符號、留言、私訊也不是沒有任何意義，而社交分享有助於讓人意識到我們的網絡當中有誰正在受苦。我們以「願死者安息」的主題標籤哀悼公眾人物與全國性悲劇時，這些故事留在我們的心中，也帶來越來越開放的對話。

喪親總是會發生，而且可能比我們預期來得早。每七名美國人就有一人❶會在二十歲之前失去父母或兄弟姊妹；高達百分之十五的懷孕期以流產作結❷，光在美國每年就有約二萬三千名胎兒死產❸；二〇一六年，估計有七百至九百名婦女死於懷孕相關因素❹；二〇一三年，美國有超過四萬一千起自殺案件，很驚人地，大約等同於每十三分鐘發生一起。同時，每年有數十萬名美國人喪偶❺，其中許多人不到四十歲❻。

我們的悲傷不會隨著已逝親人進入墳墓。即使經過多年，還是會不時感受到椎心刺骨之痛，還是會不爽各式各樣大大小小商業化的節日，想到上天這麼對待我們還是會忿忿不平。但你知道嗎？我們最近開始在Instagram上標記家庭成員，我們原本不會想要標記他們——也從沒想過他們會讓我們陷入生命中最黑暗的時刻。

終有一天，我們會失去所愛之人。終有一天，我們都會死亡。不管我們有沒有向彼此承認這一點，它都是事實。所以建立這麼一個社群有其價值，讓大家可以百無禁忌地談論死亡以及它對生活帶來的無數影響。藉由本書與眾多作者的坦率分享，我們希望對話能更加開放，在最理想的情況下，未來不會再有人面對喪親之痛時只能無言以對。

❶舒適地帶訓練營與紐約人壽基金會〈探索哀慟的風景：國家研究觀點〉，二〇一〇年。

❷美國衛生及公共服務部婦女健康辦公室，〈流產〉條目。

❸瑪麗安．F．麥克多曼（Marian F. MacDorman）與伊莉莎白．C．W．葛雷葛利（Elizabeth C. W. Gregory），〈胎兒與周產期死亡：美國〉，生命統計處，二〇一三年。

❹妮娜．馬汀（Nina Martin）、艾瑪．西列肯斯（Emma Cilekens）與亞莉珊卓．弗雷塔斯（Alessandra Freitas），〈失落的母親〉，*ProPublica*，二〇一七年七月十七日。

❺黛安娜．B．艾略特（Diana B. Elliott）與塔維亞．西蒙斯（Tavia Simmons），〈美國人婚姻狀態：二〇〇九年〉，二〇一一年八月。

❻凱斯．維克曼（Kase Wickman），〈年輕辣寡婦俱樂部創辦人：當你愛的人死去，你過得不好沒關係〉，《紐約郵報》（*New York Post*），二〇一六年五月二十六日。

附帶傷害：慢著，還有其他的嗎？

Collateral Damage: But Wait, There's More?

Introduction 序言

蕾貝卡．索佛（Rebecca Soffer）

得知母親雪比死於紐澤西高速公路的八個小時後，閨密的老公保羅發現了我的按摩棒。

那是二〇〇六年勞動節的隔天，全美都在準備迎接忙碌的秋季，我們則在我的曼哈頓公寓準備母親的葬禮。保羅與老婆黛法想幫我打包行李。我當時單身，剛進入而立之年便頓失母親。早上七點半，我只有力氣蜷臥在大學時買的珍妮佛（Jennifer Convertibles）沙發上，重看某一集《醫院狂想曲》（*Scrubs*），讓朋友默默幫我收拾。

媽媽九個小時前還站在這間客廳裡，快樂又健康。我們一家人一年一度去了紐約上州的喬治湖露營，她跟爸爸在回老家費城的途中順路放我下來。他們進屋上了廁所，喝了點水，道別時給了我幾個擁抱和親吻。我給老媽看了一張我收到的三十歲生日賀卡，它會播放出瑞典搖滾樂團「歐洲合唱團」（Europe）的迷你版〈最後倒數〉（The Final Countdown），殊不知一語成讖。

在那個休假的星期一晚上，他們離開幾分鐘後，我在沙發坐了下來，苦樂參半地從自由自在過渡到明早恢復工作的無奈現實。我還穿著露營的衣服，一隻盲蛛從刷毛外套口袋爬出來，湖水乾燥的芬芳在皮膚上縈繞不去。

過去繁忙的一年我都在適應全新的工作、全新的日常電視節目，那個星期在喬治湖跟我媽相處的時間，比一整年加起來還要多，身邊有最愛的親人讓我得以在情緒上找到出口。我平常跟她幾乎無話不談，那個星期我們每天都在晨昏時刻從炙熱的石頭跳下水，一邊游泳、一邊聊著我的擔憂。雪比提供建議的一貫態度就是要不要接受隨便你，但不得不說，她的話總是很中肯。

我跟她說，我對於事業以及三十歲還是單身的焦慮，她帶著笑意說：「貝卡，人算不如天算，計畫趕不上變化。」但也說：「你要振作起來，重整旗鼓，繼續向前。我永遠支持你。」

她的忠告拉了我一把，我窩在沙發上回覆電子郵件（包括某位男子的自我介紹，我媽最好的朋友牽的線），很快恢復了精神，準備邁入秋季。

這時電話鈴聲響起。年紀大我很多的同父異母哥哥打來，這次露營他也有去，深夜輪到他開車。「貝卡，出事了。」他描述車道上有一大塊碎片，我們家的速霸陸Outback休旅車猛然轉向，媽媽躺在8A出口附近的公路邊。我隱約聽見爸爸在尖叫。我大吼：「她還活著嗎？」他回答：「活著，但情況很糟。」言下之意就是要我馬上趕過去。

我打給保羅和黛法，他們不到二十分鐘便開車來接我。我爬上後座，腳上還穿著沾滿阿迪朗達克泥土的登山靴，三人驅車火速南下。

抵達醫院前的十分鐘，一陣作嘔感襲來，我打破了自己恐怖的沉默。「黛法，我再也感覺不到她了。」直覺告訴我，她已死亡。我奔進靜得可怕的急診室，爸爸躺在病床上，繃帶包紮著擦傷。他哭著說：「對不起，貝卡。她走了。」

接下來我唯一清楚的記憶是拚命想著：「該死的廁所在哪裡？」然後跑到廁所撲倒在地，不確定該先做哪件事：尿尿還是昏倒。那一刻我已經管不著自己躺的醫院地板有多髒，只不斷回想不過兩個小時前，我才告訴媽——我愛她。

回到紐約的隔天一早，我的腦子努力想要搞懂這突如其來的巨大空虛感。我的母親，過去三十年來給我這獨生女深刻又無私的愛、鼓勵與強大保護，突然撒手人寰；同時，作為一個人與個體，就這樣消失了。雪比在東北費城的一間排屋長大；一九六〇、七〇年代在舊金山用《毛髮》（*Hair*）原聲帶教墨西哥移民英文，下班後會整理她的蓬鬆髮型，然後去聽珍妮絲・賈普林（Janis Joplin）唱歌；多年後因為嫁給我爸回到費城，並發起了一本創新的教養與教育雜誌，這樣的女人離世了。

母親督促我要長見識，去探索世界、走出我成長的富有郊區。她樂見我決定遠赴義大利與西班牙求學，並在大學畢業後在卡拉卡斯（Caracas）工作了將近兩年，即使我後來才意識到她一定為此緊張不已。在我的成人階段，她也沒有缺席；某年夏初我歷經了痛苦的分手，幾個月後她（不怎麼）含蓄地暗示，要是我不去相親網站JDate建立帳號，她會代勞，謝了！那幾次相親，有的實在糟糕透頂，卻是當時我最需要的。

她是我見過最具正面力量的人。她總是挺我，擁有最棒的笑聲與最大的笑容。她才六十三歲。

我不知道少了母親該怎麼活下去。在我跌跌撞撞找答案時，這個世界一定會溫柔地對待我，對吧？

才怪！我幾乎馬上就體認到宇宙根本不屑一顧，不管你是不是死了媽，它還是會用各種大小事把你搞得一團糟。你必須為了沒來由的附加費用跟葬儀社爭執。沒有至親後援，你得摸索著在親友圈找到立足點。還要打起精神，同時在進行重要的工作簡報時，避免不小心悲從中來而恐慌發作。宇宙漠不關心，只會往傷口上撒鹽，或是在我歷經喪親之痛後，還令我丟臉丟到家。

黛法與保羅擠進公寓幫我打包和整理，我辦完葬禮回來後便不用面對一個豬窩。正當我把注意力放在柴克．布瑞夫（Zach Braff）的頭髮上，保羅打開我的內衣抽屜，好心確認我有沒有乾淨的胸罩可以穿。他伸手掏出幾件物品，其中一個恰好是我的按摩棒。

保羅僵住，我們三人全盯著它看，這時《醫院狂想曲》開始跑片尾字幕。接著我們爆笑出聲。

我感覺自己的臉脹得通紅。這其實沒什麼大不了：每個女性紐約客在《慾望城市》（*Sex and the City*）播出時期都會買這種玩意兒。但感覺還是很詭異，如此尷尬地看著朋友的老公手忙腳亂，急著把我的小兔兔收起來，而當下明明籠罩在更大的悲傷情緒中。

附帶傷害的定義是「非預期目標所遭受的傷害或其他損害」。在一場死亡中，任何不是死者的人都可能成為非預期目標。我哀求老天手下留情，但鉅變將我的新人生炸成月球表面，大大小小的坑洞不斷出現，有些不出所料、有些卻是震撼彈。

舉例而言，附帶傷害奪走了我在母親葬禮前的平靜時刻。葬儀社人員在「後台」打開了母親的棺木，我的反應不是撲到她毫無生氣的遺體上啜泣，而是瞪著她臉上詭異的珊瑚色，大吼：「你替她擦了什麼該死的口紅？」不顧三百五十名弔唁者正在猶太教會堂等候，我幫曾經是我母親的外星人用力擦去口紅，絕對不讓它在長眠之地看起來像塔咪．菲．貝克（Tammy Faye Bakker，美國電視福音佈道者），真要命。

附帶傷害也讓我在接下來一年體重掉了十五磅，不管吃什麼都一樣，然後隔一年再胖回去（加上利息），也是不管吃什麼都一樣。神經科醫師無法解釋為什麼我一看電腦、從沙發站起來或走下地鐵樓梯就會頭暈，所以我去做了腦部磁振造影。檢查結果是，沒有腫瘤。只不過是悲傷讓我的世界天翻地覆。

附帶傷害也化身為創傷後壓力症候群找上我，那些夢魘甚至比童年的餅乾人還可怕，他會一邊慢慢地把自己的手吃掉、一邊直盯著我看。很難想像比這還可怕的惡夢，但不是開玩笑：我瘋狂地找母親，但她不想被找到。真的找到時，她卻是情感疏遠的樣子。我苦苦求她看著我，她卻毫無興趣，對我的悲痛不為所動。一想到這個夢境會不斷重演就嚇得我不敢入睡。

體重減輕、頭痛與惡夢雖然破壞力極大，但不算令人措手不及。整個家庭關係的重整才是。我和爸爸之間突然沒有了緩衝餘地，我深愛這個頑固的男人，但我不太能自在地直接與他相處。我和他的其他孩子也一向關係緊張，原因在我出生前便已存在。之前只要媽媽在場就能促使大家放鬆、別把自己太當一回事、態度好一點。少了她，我覺得很生澀，更容易受到誤解或捲入爭吵。我必須想出新的方式來跟相識了幾十年的人溝通。然而，對所有人都好的方式至今尚未出現。

附帶傷害可能來得快，也可能很慢。媽媽過世四年後，同樣的打擊又在十二月的某個清晨降臨。當時穿著浴袍的我，試著消化爸爸在國外心臟病發的死訊。冷不防地，我也必須想辦法把遺體從百里外的港口運回家。噢，他新女友的家人還出乎意料地要求我安排一部私家車送她回家呢。

另一顆震撼彈投到我的月球表面，我做好準備，步履蹣跚地越過坑洞，試著不被下一塊碎片擊中。

守靈
A Wake

安東尼．金恩（Anthony King）
創作於二〇一八年

「她是死的，感覺好怪。」怪的是「她是死的」還是「她死了」？死、死了、快要死了。如此簡單的一個字代表了如此明確的概念。

我的母親躺在棺材裡看起來好胖。她的頭被擺在綢緞枕頭上向前傾，所以下巴肉被擠了上來，甲醛讓她的身形脹得比原本臃腫。不誇張，腫到讓人心想：「我的天啊，她真的這麼胖嗎？」

她動手術之前說，若她進了棺材，要求我父親將她的頭往後仰，「在守靈儀式上就能看起來美美的」。現在我跟爸爸吃力地摸索施力點要把她的身體舉起、抵著棺材，好調整枕頭上的頭部角度，讓雙下巴不要這麼明顯。她非常重，加上血被抽光了，皮膚在室溫下像牡蠣般溼黏滑溜。她在醫院剛過世時我觸碰過她，當時還有餘溫，現在感覺完全不像皮膚。

我們使勁搬動她時，我一直在想，要是太用力或動作太突然，她搞不好會向棺材底部噴出防腐液，到時該怎麼解釋？我和父親、弟弟得招呼來表達同情的弔唁者，試著假裝身旁那口棺材裡濕漉漉的洩氣遺體本來就是那個樣子。**她的要求我們只能照做！**

不過，一切徒勞無功。顯然棺材的設計不能讓遺體在裡面被隨意滑動，所以我們盡量將她往下推並調整頭部，但馬上又回到原本的位置。我們再度搬動、調整，她的頭部漸漸往前，下巴肉再慢慢地從脖子擠上來，就像破曉時分的山巒。我人在殯儀館，雙手環繞著離開人世不久的母親，心裡竟然想著破曉時分的情景。死亡真是戲劇化。

爸爸決定放棄。「對不起，親愛的，我們盡力了。」彷彿在說一個外人不明所以、只有他們倆才抓得到笑點的笑話。接著他走到別處，盯著壁紙看。

我弟弟布萊恩在房間另一端逗弄著表哥傑瑞四歲和七歲的金髮女兒，她們覺得他不管做什麼都是全世界最好笑的。她們顯然不該在殯儀館笑得這麼大聲、這麼頻繁，但會叫她們閉嘴的人，現在是躺在我面前的一具遺體。

南茜阿姨一大早就過來幫媽媽梳化。我記得媽媽的眼影從來沒有這麼濃過，但身為中心裝飾品或許看起來就是要特別漂亮吧。她穿著藍色洋裝，幾年前我說她穿這件很美，她哭了起來。當時她正準備去教堂，我走進她的臥房隨口讚美了一句。我不記得自己為什麼會冒出那句話，但她突然爆哭——很誇張的啜泣——然後說：「有一天你結了婚，一定要每天跟老婆說你愛她。」

唐納・布萊德利（他要我們叫他布先生）是殯儀館老闆。布先生在父親死後繼承了家業，第一天上班一定很不好過。他對布萊恩和女孩們說：「小聲點，不然就去外面。」他們選擇留下，坐在長凳上竊笑，摀著嘴巴互相戳來戳去。最大的女孩覺得這樣特別滑稽。她開懷大笑、蹦蹦跳跳，臉脹得通紅，但沒有發出聲音。布萊恩發現我在看他們便湊上前來。

「你在做什麼？」

「我不知道。」

我們站在母親遺體前，就像站在壁爐前的姿態。過去四十八個小時有太多這種漫長的沉默，兩個人站得很近，但誰也沒說話，氣氛變得緊繃，不是沒話講就是講不出口。我的眼前一片模糊，不是因為淚水，而是我不知為何不斷提醒自己要眨眼。眨眼、眨眼。我說：

「她看起來好胖。」

「她本來就胖。」

我們笑了出來，感覺好多了。

「她是死的，感覺好怪。」怪的是「她是死的」還是「她死了」？死、死了、快要死了。如此簡單的一個字代表了如此明確的概念。或許簡明扼要剛剛好。你總是會聽到某個人「快要死了」，有時延續了一年又一年，但都沒有真的垂死，而是不斷**對抗**、**祈禱**、**彌補**。我們終究都會一死，消失不見。

布萊恩敲著棺材側面。「我們還要在這裡待多久？」

布先生和爸爸走了過來。該去布先生的辦公室結清棺材、殯葬服務和其他有的沒的費用了。我們從展示間為母親挑選了光滑、流線形的不鏽鋼棺材，因為它是淡粉紅色的，媽媽喜歡這個顏色。同時也因為它不是最便宜的（多丟臉啊！），且並非最貴的（多荒謬啊！）。布先生興致勃勃地列出整套分期付款方案並提供極低利率，但父親立刻拒絕，他買東西從不賒帳。

接著布先生說了個「搞笑」的故事。一名男子幾個星期前死了老婆，當他準備寫支票來付葬禮費用時，突然哭到寫不下去。他整理好情緒之後說：「對不起，我每次花大錢都會哭。」

我們沒有大笑，只是微笑。爸爸仔細閱讀帳單，我則一讀再讀布先生後方牆上裱框起來的證書。

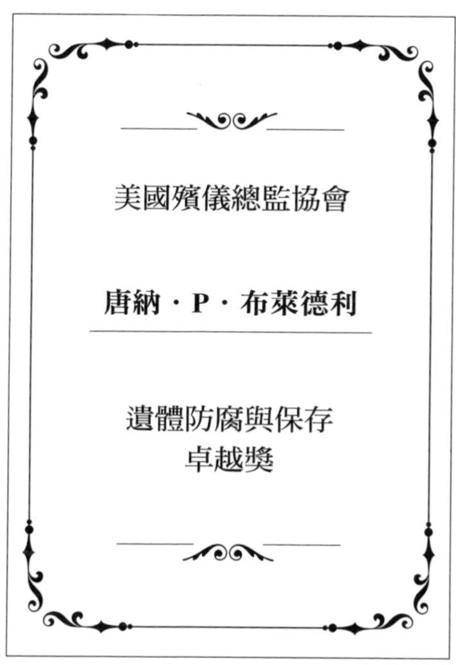
美國殯儀總監協會

唐納・P・布萊德利

遺體防腐與保存
卓越獎

我很好奇這個小氣愛哭男的故事，是不是布先生在某個枯燥乏味的城市參加會議時聽來的，我想像殯儀總監聚在一起試用新技術，趁優惠時段喝酒喝到茫，性騷擾那一、兩位少見的女性喪家總監，以及聽那些不搭嘎的殯葬藝術專家分享建言，像是「想要逼迫喪家買你貴參參的服務，最好用幽默的小故事化解尷尬到不行的氣氛。」大家都愛小故事！

爸爸問說為什麼需要兩部車載我們去葬禮，布先生給了答案，但我累到聽不進去，喉嚨因為緊張和鼻涕而痛得不得了。我強迫自己吞口水。

外頭在我死去的母親身旁，傑瑞正在用她當作活教材跟女兒解釋死亡這件事。

四歲女孩：「所以她不會醒來了嗎？」

七歲女孩：「對，笨蛋。就跟阿嬤一樣。」

傑瑞：「凱莉！夠了！阿嬤過世時潔西還沒出生。」他輕聲對著四歲女孩說：「沒錯，她不會醒來了。」

四歲女孩：「為什麼？」

七歲女孩：「因為她**死了**！死了！死了！死了！死了！」

一個詞由七歲女孩用很平的聲調說了四次，聽起來益發毫無意義。是啦，她說

附帶傷害：慢著，還有其他的嗎？

——————**守靈**

對。我母親死了！死了！死了！死了！死了！請問有人想吃冰淇淋嗎？這場葬禮需要一隻小馬！

傑瑞發現我們站在門口，趕緊把一雙女兒帶出去，眼神掠過我們，表情既尷尬又憤怒。我看著他們離開，嘴裡咀嚼著**死**這個字。大大的「死」。

七歲女孩回頭望向我們，大叫：「我們為什麼要走？」

我選擇討厭她。在今天之前，我只見過表哥七歲的女兒一次，但我討厭她。而她永遠都不會知道。

我的無緣公婆
The Would-Bes

艾琳．史密斯（Eileen Smith）
創作於二〇一八年

對於一個不再有任何牽連的人，該去哪裡哀悼他？最悲傷的是，我無處發洩。為我不再接觸的人群與網絡的一部分，因為現在是現在，而過去只能留在過去。

我過去都稱呼前女友的父母為「無緣公婆」（Would-be），聽起來彷彿他們姓「伍德比」（Woodby），讓我不禁微笑。這也是一個解釋我跟他們關係的簡便方式，畢竟我的伴侶是女性，當時同性婚姻仍是遙不可及的彩虹夢想。

她的雙親（我推論若當時同性婚姻合法會成為我的公婆）待我不錯。過了幾年，他們開始用消遣彼此的方式消遣我、玩紙牌打敗我，以及在我們偶爾造訪他們居住的南卡羅來納州山城時，一大早泡又稀又澀的咖啡給我喝。我則取了這個暱稱回報他們，他們英語化的義大利名字聽起來便沒那麼高高在上。我從來沒跟他們說過這個暱稱，因為它主要是個跟別人表達的簡便方式。「你這個週末有什麼計畫？」「去看我的無緣公婆。」

他們除了大方地讓我睡活動摺疊床，還給了我一個家庭——比電視演的還真實、人丁興旺，而且橫跨多個世代。他們在華盛頓特區植物園裡櫻花樹下的長凳擺姿勢拍照時，因為人太多，大家只能站著。反觀我的家人湊不滿一張野餐桌。我們這一族在蓄意與凋零的結果下規模很小，凋零大多是因為死亡，包括我幼時失去的父親。

我與前女友陷入熱戀十年後，感情冷卻了下來。過程比實際上還要悲傷與緩慢，但回想起來既斷斷續續又稍縱即逝。我們一起搬到智利，以為換個環境會有個新的開始，可是智利沒能讓我們重修舊好；它無法讓我們在三十三歲時實現二十三歲的自己所許下的承諾。在異地分手讓事情變得更簡單也更困難。我不太會說西班牙語，但反正身邊也沒有親近的朋友可以傾吐。我把情緒悶在心裡，感到反胃與不適，然後又用同樣吃到反胃的油膩麵包「多布拉蒂塔」（dobladitas）和健怡可樂餵飽自己。

我跟前女友保持聯絡了一陣子，她的家人南下到智利看她時，我們偶爾會見到面。我不太確定該怎麼切斷跟無緣公婆的關係，也不怎麼想要這麼做。所以在跟她還有聯絡時，她的家人約我，我都會去。

我最後一次見到無緣公公是在一間咖啡店。他滿頭白髮、愛開玩笑；他是擁有三名女兒的快樂父親；慢條斯理的羅馬天主教徒、越戰老兵；沒受什麼教育但充滿江湖智慧的水電工；認為「不挺你的人都下地獄去」的那種人。那家店在我的公寓不遠處轉角，位於聖地牙哥美術館那一帶，現在是很文青的地方。見面時我跟前女友分手約一年。那天，我看著他湛藍的雙眼，我曾經以為那雙眼睛的主人會跟我在大家庭裡永遠成為一家人，但我懷疑以後再也不會相見。我跟前女友之間的距離已經大到連友情都維繫不下去，我們都忙著經營各自的未來而非共同的過去。

在某種程度上，我知道一切到此為止。分手就是會失去，失去無緣公婆，也失去大很多的姊姊們和她們的三個孩子。這些人在我親生姊姊有小孩之前，讓我成為了阿姨。我多希望留住他們，但無緣公婆跟我再也沒有關係。我最後一次見到無緣公公，他選擇以擁抱而非握手來跟我打招呼。接著，在牛奶咖啡被倒入小小金屬架上的玻璃杯之後，他神情悲傷地把我抱緊，我們不發一語地永遠道別。

我跟前女友在聖地牙哥沒有共同朋友，要不是大約一年前的某天，因為工作而造訪她住的街區，我們可能老死不相往來。她在那個冬日穿著滾紅邊的藍色夾克，我們在有一搭沒一搭的話語間吐出小小的白煙。不知道她還記不記得我們第一年同居時口袋空空，要等到連在餐桌旁聊天都口吐白煙才能開暖氣。

數個月後，我在見到她的那個冬日所寫的旅遊指南寄到了家裡，於是我上網搜尋了她的英語化義大利名字，赫然發現擁有三名女兒的快樂父親，慢條斯理的羅馬天主教徒、越戰老兵，沒受什麼教育但充滿江湖智慧的水電工，認為「不挺你的人都下地獄去」的那個人，幾個月前死於癌症。訃聞裡寫到，在他死前沒多久，他告訴照顧他的人應該出去好好過日子，因為他已經了無遺憾。

我感到一股冰冷的苦楚，某個東西咻一聲不見了。然後我哭了起來。想到他受的苦、他妻子受的苦。想到兩個姊姊和她們的丈夫、想到前女友和她不怎麼新的妻子、想到他的孫子們，也就是我的第一批外甥和外甥女。最後想到了我自己。

他當我的無緣公公並沒有很多年，跟分手後「什麼也不是」的時間幾乎一樣長。他教了我如何砌牆板，卻留我一個人獨力完成浴室的貼磚工程。他放下一袋水泥漿與一個水桶就吹著口哨離開了。他從來都不是我的父親，在我認知中卻如父親一般，而且對我視如己出，這兩件事讓我特別珍惜他。

我在很久之前失去過他，甚至兩次——一次因為分手、一次在那間咖啡店。然而知道他過世的消息是個巨大打擊，那是第三次、也是最後一次失去他。

對於一個不再有任何牽連的人，該去哪裡哀悼他？如果我還擁有那個貼了磚、有浴缸的房子，我早就去那間浴室哭了。因為浴室很適合哭，也因為我可以感受到他的存在，即使當初他把我一個人丟在那裡。

最悲傷的是，我無處發洩。我回不去那間浴室，時光也一去不復返。他的死成為我不再接觸的人群與網絡的一部分，因為現在是現在，而過去只能留在過去。

第二個老三

The Second Third Child

艾瑞克．梅爾（Eric Meyer）
創作於二〇一八年

那個孩子，不管他是誰，都值得擁有充滿愛的人生，而非承受我們的負擔。他應該過自己的人生，而非被迫活在我們的陰影下。

我跟妻子凱特告訴自己，我們會愛另一個孩子，而非所替代的人。我們如此相信著，但無法確定——因此不敢閉上眼，假裝看不見問題，重新回去辦理領養程序，祈禱一切順利。我們再清楚不過，有時事情不會盡如人意。

多年來，我們一直計劃要生兩個孩子。我們各自有一個手足，都覺得兩個人一起長大很好。我們存錢買的第一間房就是理想中的房子，一間三房的中央大廳殖民式住宅，位於我倆都很喜歡的社區。我們試著懷孕，但肚皮遲遲沒有消息，於是辦理領養。

五年內，家裡多了兩個女兒卡洛琳與蕾貝卡。

令彼此都大感驚訝的是，沒多久，我們有了想要增加另一名家庭成員的念頭，因此準備領養第三個小孩。兩年後，兒子約書亞加入家庭，感覺很棒、很對。一家子歡樂地吵吵鬧鬧，充滿生氣；我們將房子擴建以適應變化，就算在壓力最大的日子，還是心甘情願。我們終於建立了心目中的理想家庭。

三年後，我們送走了蕾貝卡，她在六歲生日死於無法治癒的腦瘤。

到頭來我們還是只有兩個孩子。

我跟凱特走出第一波最糟糕的低潮後，再次討論了領養的可能性。失去了蕾貝卡，感覺家裡多出了用不上的房間。兩個孩子再也創造不出三個孩子帶來的那種歡樂混亂場面。特別是這三個。

蕾貝卡是夾在中間的老二，所以影響又更大了。以前是老二和姊姊僅差幾歲，接著老二和弟弟的年紀更加接近。現在變成一對差了七歲的姊弟。

這甚至不是三姊弟變成兩姊弟的問題，而更像是從三姊弟變成兩名獨生子女。

他們畢竟有各自的人生要過——我們比以往都還要堅定地讓他們生活下去。若卡洛琳到朋友家過夜或有課後活動，約書亞就跟我們待在一起。他沒有最要好的大姊跟他一起玩，笑鬧著玩摔角或尖叫著玩鬼抓人。要是他出門或在幼兒園待比較晚，卡洛琳會說：「哇，約書亞不在的時候好**安靜**。」

以前家裡從不安靜。

卡洛琳與約書亞自有一套相處方式，但姊妹過世帶來的沉默裂縫有時大到令人難以忍受。我討厭這種感覺。

我無法告訴他們自己有多討厭這種感覺，特別是卡洛琳，不然她去朋友家或參加排練會產生罪惡感。我不能因為她妹妹去世就把她侷限住。

然而一家人的中心還是破了個大洞——因此我和妻子討論是否要再領養一次。我們好想再擁一個寶寶入懷，哄他入睡，看著他長大。我們反覆討論，在要與不要之間來回擺盪，有時一場討論還沒結束就改變立場。最後，我們決定不再領養。

表面上的理由是我們都覺得自己太老了。現在我倆已四十好幾，走完領養流程就差不多五十歲了。到時要養小孩一定比十年前還要累人，而且真正的年齡障礙在於得在耳順之年試著養育一名青少年。以我們各自的病史來看，那孩子很有可能在高中畢業之前就得為我們兩人或其中之一送葬。

不過，我們最後逼自己面對與接受的真正原因是，那孩子可能有天會問：「你們領養我是不是因為原本的孩子死了？」而我們得回答「是」，如果蕾貝卡沒死，我們的確不會再領養小孩，有三名子女很心滿意足。

被領養的孩子要面對身分認同與遺棄的議題已經夠多了，他們難免會在某個時間點問：「為什麼親生父母不要我了？我做了什麼？我不夠好嗎？」我太太本身就是被領養的，她經歷了這樣的過程。卡洛琳經歷了這樣的過程，我們預期約書亞也會。若蕾貝卡活得夠久，想必也一樣。

我們的狀況是，除了「為什麼親生父母不要我了？」那孩子會認為「我的養父母要我，只是為了代替他們死去的孩子。」我們會給子女所有的愛，但不忍心讓他們在某個時間點出現這種想法。

那個孩子，不管他是誰，都值得擁有充滿愛的人生，而非承受我們的負擔。他應該過**自己的**人生，而非被迫活在我們的陰影下。我們仍為這個決定感到哀傷，而這是最糟糕的部分——你可以做出對的決定，也知道如何為自己和家人做出最好的決定，但仍為此哀傷不已。

好朋友又沒來

There Won't Be Blood

露比．達徹（Ruby Dutcher）
創作於二〇一八年

如果寫成文字，我人生中的這段時光會被砍成幾個小段落。既令人困惑又一片模糊，我寧願不要想起。但身在其中彷彿就像一輩子，當時很難相信會有結束的一天。

每個月，經血來潮都讓我很欣慰。令人安心，這裡一切都好。我的子宮點點頭、比了個讚。「你有充分的鐵質，絕對沒有懷孕，而且應該不會早死！這裡就交給我們，你繼續好好地做自己！」

過去幾年，我一直在評比各家的避孕法，我發現自己必須向好幾個婦科醫師申明這種想要繼續擁有月經的渴望，他們有的善解人意、有的莫名堅持開給我可能完全停經的荷爾蒙避孕藥。對於這些醫師，我很難解釋清楚為什麼我死都不肯接受一下子停經好幾年的做法。

是這樣的，我十九歲時母親過世，那一年整整九個月月經都沒來。

當時，我的身體並沒有什麼狀況。我沒有讓自己餓個半死，而且看了幾次醫生、在家驚慌地驗了幾次孕之後，結果是一再確認自己絕對「沒有孩子」。最後只得出壓力太大的結論，加上我對短暫嘗試的避孕針反應不佳。我的家庭醫師說月經會回來，要我放心。他說過去不是沒有這種案例，要我耐心等候。

一部分的我很確定這個症狀是自己造成的，母親過世讓我變得麻木。理論上，我很悲傷、精疲力竭，不過實際上，我什麼都感受不到。母親走的那晚我有哭，但之後就不怎麼流淚了——幾乎成了奢求。追思會結束後，我回到了紐約的學校，冬天城裡盡是陰暗的天空、泥濘的融雪與刺骨的寒風，完全都沒有幫助。所以月經三個月、六個月，甚至更久都沒來，我也不意外。以我麻木不仁、罔顧身體、疏離親友的狀態，把體內活的器官殺死只是剛好而已。

這跟懷孕恰好相反，我覺得自己在各方面都生不出東西。

幾個月後，我認命地以這種新的生存模式過活。我掙扎著把書唸完，從午睡、Netflix與樓下熟食店的冰淇淋找到安慰。

如果寫成文字，我人生中的這段時光會被砍成幾個小段落。回頭來看，感覺又更短了，既令人困惑又一片模糊，我寧願不要想起。但身在其中彷彿就像一輩子，它橫跨了二〇一三年與二〇一四年，是我近期記憶中最長、最冷的冬天之一。當時很難相信會有結束的一天。

冬天終究還是結束了。經過了將近九個月，大姨媽終於回來了。沒有敲鑼打鼓或變化顯示它曾經消失過，只有驚喜、一些經痛與一條我很樂意丟掉的髒內褲。我欣喜若狂地迎接月經以規律的節奏回歸，它富含鐵質的味道提醒我還活著，我感到體內開始溫暖起來。我也很感激經前症候群再度出現。沒有開玩笑，即使在狀況最好的時候，我還是不太會處理情緒。我擅長了解它們，能以驚人的見解和條理來形容與分析它們；我不擅長的是實際上去感受它們。

伴隨經前症候群而來的情緒起伏，代表悲傷偶爾會來襲，我有好幾個月都在拚命嘗試喚起這個感覺。當然，它仍然以奇怪的方式顯現。我在地鐵上得知最高法院大法官安東寧・史卡利亞（Antonin Scalia）逝世而哭了起來，因為「這樣還有誰可以跟露絲・貝德・金斯堡（Ruth Bader Ginsburg，美國最高法院史上第二位女性大法官）一起去看歌劇？」我事後淚眼婆娑地跟朋友這麼解釋。不過，突如其來為了莫名其妙的事流淚，總比完全流不出一滴淚好。

月經雖然回來，但不代表我好了，又過了一年，我才活得像個還有運作功能的人。我不認為自己會有感覺完全正常的一天，但我很需要透過經血來確認新的常態存在——一個無可否認、有時令人痛苦的跡象，顯示人生會繼續走下去，不管我們願不願意。

而人生的確繼續走了下去。我在母親死後第一次允許自己有性行為時剛好月經來潮，來得出乎意料、自然而然，也只有在我離開自己的床，再度投入這個世界後才有可能發生。要去碰觸別人很難，感覺很怪、一團混亂，但真的很好玩。

天亮前，我起身準備離開，發現兩人的雙手和肚皮都被染紅。

我說：「我們一副剛殺了人的樣子。」低頭看看自己，覺得有點荒謬。我回想起修女在高中健康教育課告訴我們使用保險套的禍害，忍不住大笑。「不過，從天主教的觀點來看，或許真是如此。」

他看著我被自己的冷笑話逗樂，這名剛剛跟他上床的染血女子有可能精神錯亂，讓他心生警惕。

我不在乎。我沾滿血，聞起來有生命力。能夠再度聞起來有生命力真好。

母親的化身
Mother Figure

伊莉莎白・佩瑟（Elizabeth Percer）
創作於二〇一八年

談到「愛」總是不按牌理出牌，我們指的通常是它來的時機不對、令人陷入單戀，或熱情消褪後稍縱即逝。然而當「牌理」動搖、甚至崩壞時，或許我們並不會永無止盡地墜落——不同以往的機會正為我們敞開大門。

好友蕾吉娜去世的那個早晨，我發現自己站在她的廚房裡，開著冰箱門盯著她前幾天本來打算拿來煮晚餐的青花菜。我強烈地希望能夠做些什麼，找個方法幫助她的小家庭熬過接下來幾天，甚至是接下來幾個小時，然而我只是站在人造空氣與冷卻光之中，被青花菜擊倒。

幾天前，蕾吉娜帶著兩名幼子參加唱詩班排練，卻無預警倒下。一顆動脈瘤在腦底破裂，讓她立即昏迷不醒，撐不到一個星期就無意識地走了。**一場悲劇**，我們告訴自己。**感謝老天沒有讓她受苦**，我們說。**還好沒有在她載孩子過去的路上發生**，她老公試著說。而這些話語只是讓我們不去碰觸集體的無盡哀傷。

由於她生前把日子過得很好，因此她的死亡所帶來的衝擊感又更放大了。我指的不是香檳假期與魚子醬郵輪行，而是實際上的生活，由大部分微不足道的小事加總起來的人生。

幾年前，蕾吉娜發覺自己熱愛的音樂學術生涯已流於義務，便毅然決然放棄，完全將重心轉移到家庭與家人。她最後兩年都把時間花在早上做園藝或當志工，下午煮晚餐、陪小朋友寫功課和玩手工藝。通常這種當了母親之後的轉變，會讓我疑神疑鬼地四處尋找對方即將自找苦吃的跡象，但蕾吉娜似乎樂在其中，應付忙亂的育兒與家務還能笑得開懷，所以我對她又更佩服了。

然而早在這一切之前，她已經教會我如何愛她。我們在北加州當了七年的鄰居，共享同一道籬笆，在令人抓狂的育兒路上互相扶持。多虧了蕾吉娜，我了解到一名母親能給另一名母親最好的禮物，就是突然現身幫你把孩子帶開，她當時一個星期會這麼做好幾次。有時她會在晚餐前的鬼哭神嚎時刻打電話來邀請孩子們過去，疲憊的幼兒與未煮熟的食物似乎沒有相容的一天。有時她會在早餐後、午餐前去公園的路上，上午十點左右來到門前，這時我剛換好第六次尿布，但還沒把第一杯咖啡喝完。我們學會跟彼此分享養育小孩的喜悅並互相照應，拼湊出我們獨特的大家庭樣貌。

不過，這樣的關係還有另一層不言而喻的意義，既悲哀又真實。跟許多核心家庭一樣，我跟蕾吉娜在育兒過程中沒有經驗豐富的親戚作為穩定後援。她的公婆雖然很疼她，但有自己忙碌的生活要過；除此之外，我們周遭數里都沒有阿姨、姊妹或有心的長輩可以幫忙。然而，我們都比平常更願意把互賴的情感羈絆放在第一位，並為此努力奮鬥。或許因為蕾吉娜的老家在塞拉耶佛，她和樂融融的家庭從小就被戰爭摧毀，也因為我祖父是逃離故土的阿什肯納茲猶太人。

我跟丈夫對蕾吉娜與她老公相當信任，甚至在遺書中將他們列為子女主要監護人的程度。她死後的幾個星期、幾個月，我比較容易用這件事來跟別人解釋，為什麼覺得自己有必要為她的孩子做到這種程度。但真正的原因是我找不到更好的方法來明確表達更深層的心意，我失去的不只是一個朋友，而是跟我結下不解之緣的另一名母親。

幾乎是在當下，一個由朋友、鄰居、老師與同學組成的強大支持圈，繞著這個家庭形成，將她的兩個孩子置於受保護的黑暗核心。不過大部分的時間，我們能做的僅止於眼睜睜看著他們心被掏空、變成行屍走肉，彷彿在這個世界失去了方向感，可能連世界本身都崩壞了。我一心想把他們納入和收進自己所能建構出來的羽翼下呵護，讓這些我視如己出的孩子知道，身邊有一名母親願意盡力防堵悲傷向他們襲來。

但是我愛他們，很清楚這是種自私的行為，不能讓他們逃避因為意識到蕾吉娜離世而衍生出來的椎心之痛。身為朋友能做的就是幫助他們看到這一點，而非作為母親來保護他們視而不見。康拉德通常都等到放學後才會將他大部分的午餐吃掉，他會快樂地安坐在媽媽腿上，兩條腿環著她的腰，而她則細數他的一天過往和剩菜；所以現在當放學鐘響，他跑向爸爸懷抱時，我強迫自己只提醒便當盒的事便離開。在蘇菲亞穿耳洞時，我忍住悲傷和驕傲的淚水，伸出我的手讓她盡情捏緊以減輕疼痛。還有，雖然我因為他們的爸爸不帶他們去諮商，而覺得自己需要諮商，但我確保自己在他們想要談談母親時，能夠在任何地方跟他們見面，即使他們只不過是想回憶她的好廚藝或討論她的花園冒出來的大量奇妙植物。

蕾吉娜死後幾個月，康拉德染上肺炎與史帝文生－強生症候群（Stevens-Johnson syndrome），這種威脅生命的疾病會造成全身長滿水泡紅疹。或許真的禍不單行，又或許是幼兒身心俱疲撐不下去的結果。我到醫院看他時，沒有人知道他是否已經脫離險境，我只能站在床角，看著他出自動物本能、半夢半醒地拒絕接受治療，而他的父親與一群護士像牽線木偶一樣努力地壓制他。我從來沒有這麼痛苦地對抗過母性直覺，好想把他擁入懷裡親吻，猶如母獅子護住獅寶寶，教那些專業人士把他們該死的工作做好，然後滾出去。要是換成蕾吉娜，她就會這麼做，也會願意為我的任何一個小孩這麼做。

不過，我只是站在康拉德的腳邊，聽著他的低吼哀鳴，默默地為他加油，我把手輕輕放在他的腳踝上，他狂亂地扭動，我隔著薄薄一層被單無聲地向他保證，我們對他的愛無遠弗屆，超越一切哀傷與恐懼。雖然在應該疼愛孩子的時候不能疼愛他，令我痛苦至極，但我在那個當下找到了另一種陪伴的方式，重新領悟到愛可以超脫世俗定義的範圍。

談到「愛」總是不按牌理出牌，我們指的通常是它來的時機不對、令人陷入單戀，或熱情消褪後稍縱即逝。或許當「牌理」動搖、甚至崩壞時，然而我們並不會永無止盡地墜落——不同以往的機會正為我們敞開大門。現代社會讓許多人難以聚集起來養小孩，雖然愛一樣源源不絕，但「一個人都不能少」的感覺不如「其他人總是會在」來得強烈。如同死亡可能來得出乎意料、改變一生，他人的關懷也是。畢竟，沒有理由一個人不能同時是母親又是母親的化身，也沒有理由在沉浸於哀悼一名母親的同時，不能繼續被她過去展現的典範鼓舞——即使經歷最糟的狀況，也能熬過千辛萬苦、撥雲見日，與身邊的人情感更緊密。

遇見失落，你可以這樣做

撒骨灰前須知

Things to Know Before Scattering Ashes

特蕾・米勒・羅德里格斯（Tré Miller Rodríguez）
創作於二〇一四年，原刊載於現代失落網站
原標題為〈沒有人會告訴你的九個撒骨灰須知〉

① **會有骨頭。**

這可不是柔軟的營火餘燼。
準備好面對好幾磅混著尖銳骨頭碎片的水泥砂。

②**分成兩堆，現在用的、以後用的。**

除非儀式需要，否則別一次撒完所有骨灰。

你可能之後會想到另一個更有意義的地方，希望自己留一些永久保存或贈送給親友。

③**小心存放。**

這個過程可能會引發強烈情緒。

請一個親近且態度大方的友人協助你將骨灰放入密封塑膠袋。

④**旅行時務必放在隨身行李中。**

旅途中有可能遇上托運行李遺失，或送錯地區的窘境。

⑤**事先勘查好地點。**

若到了現場才發現你的第一選擇可能行不通，不妨多想幾個備案。

⑥ 停下來聞一聞花香，順便摘個幾朵。

打算去水邊告別？

不妨用濕紙巾包著一些去梗的花，最後跟骨灰一起撒出去；在它們漂流時照相留念。

⑦ 站在上風處。

這一天的回憶不該包含飛入眼睛或沾上嘴唇的骨灰。

不管有沒有風，骨灰都會黏在皮膚上。

記得帶濕紙巾。

觸發點：我們爆炸的原因可能令你吃驚

Triggers: What Sets Us Off Might Surprise You

Introduction 序言

嘉貝麗．柏克納（Gabrielle Birkner）

我的父親賴瑞與繼母露絲於二〇〇四年二月十六日在亞利桑那州塞多納的家中遭到殺害。那年冬天，他們請了水電工來修理結凍的水管。維修公司派來的是個坐了十年牢、剛假釋出獄的毒蟲。約莫一個月後，他回來敲我父親和繼母家的門，當時已接近晚餐時間。露絲應了門，那名男子掏出一把看起來像武器的BB槍，命令他們進去車庫。兩人照做並交出車鑰匙（這顯然是竊賊的犯罪動機）與保險箱裡的財物。

那個嗑藥嗑嗨了的二十八歲男子在離去前，將我爸爸和露絲綁起來打死，凶器是本來被拿來當作門擋的十九磅重鳳梨造型石膏鑄模。兩天後，一名家事僱傭發現了他們血跡斑斑的屍身。他們沒能活著吃到的雞，在流理台上已經解凍，旁邊放著切了一半的洋蔥。

事發一年半前，爸爸和露絲將他們的環境健康與安全顧問事業從洛杉磯郊區移到塞多納——以壯觀紅岩地形、療癒能量與新時代靈修者聞名的度假小鎮。在他們遇害兩個月前寄來的年度假期祝賀信中，露絲寫道：「我們花了好幾個小時健行、騎車、探索，還有——噢——在科科尼諾國家森林（Coconino National Forest）環繞的環境中工作。夜晚的天空暗到星星幾乎伸手可觸……院子沒什麼活要做——地上都是仙人掌與紅岩！我們試著踮起腳尖越過仙人掌。」

在他們被殺害後的幾年間，再稀鬆平常的事都可以讓我爆炸——街上剛好從我面前經過的KIA塞多納休旅車；別人不經意提起的水電缺失；被撐開的門；雞。有時這些觸發點顯而易見（例如家禽）或可想而知（例如六月的第三個星期日），但更常從我的潛意識深處冒出來。

法國小說家柯蕾特（Colette）寫了一封信給剛成為寡婦的朋友，說：「很奇怪，一個人可以在最悲傷難抑的時刻忍住淚水、『表現得宜』。不過，一旦別人在窗戶後面向你釋出善意，或注意到一朵昨天還含苞的花突然盛開，或一封信從抽屜滑落……世界就崩塌了。」[7]

約會時，我的腦中會突然出現爸爸求饒的畫面，我會想像犯罪現場看起來是什麼樣子、聞起來是什麼味道；我會想起一組特別的清潔人員被請來將浸滿血液的地毯拉起來；我會想起那一名為父親和露絲清潔辦公室的女人，她很不幸地發現了他們的屍體。聽郡上的受害人服務專員說，她進行了某種心理治療以撫平創傷記憶。

不，我從沒看過Phish樂團的表演。

好，我再去拿一瓶啤酒。

就算那名約會對象沒有在網路上肉搜我，發現一堆有關那場犯罪與後續訴訟的搜尋結果，或血淋淋的被害影響陳述摘錄，我還是沒有一絲一毫心思去認識對方。

是啊，布希有夠爛。

Shake Shack漢堡店排隊的人龍太扯了。

我本來打算在凶手被判刑時親自唸我的被害影響陳述，不過最後還是沒出庭，而以預錄影片的方式陳述——我受不了看見凶手的雙手。我對著鏡頭向犯人說：「我還是不敢去細想二月十六日那晚，你以現在上了銬的雙手做了什麼；你殘暴地殺害了兩個只會運用手、腦及心去做好事的人。」[8]

犯人被判了兩個連續的無期徒刑，不得假釋，這是我們家屬的強烈願望，原本檢察官要求的是死刑[9]（我反對死刑，父親也是）。判刑算是一種解脫吧，不過我還是跟以前一樣活在陰影之中。

除了在社交場合心神不寧，有關那場犯罪的侵入性想法（我當時的治療師解釋這是創傷後壓力症候群的特徵）完全讓我精疲力竭。沒有人告訴你在面對喪慟與創傷時會有這種狀況，特別是兩者產生交集時——比任何事都還要累人（我現在可以

---

[7] 柯蕾特（Sidonie-Gabrielle Colette），《來自柯蕾特的信》（*Letters from Colette*）。

[8] 審判報告請見賴瑞・亨德利克斯（Larry Hendricks）所撰〈橡樹溪男子犯下雙屍命案被判兩個無期徒刑〉，《亞利桑那太陽日報》（*Arizona Daily Sun*），二〇〇四年十一月二日。

[9] 賴瑞・亨德利克斯，〈檢察官要求塞多納雙屍命案凶手判死〉，《亞利桑那太陽日報》（*Arizona Daily Sun*），二〇〇四年六月十四日。

告訴你，包括三十個小時的分娩過程）。我總是處在高度警覺的狀態，經常被突如其來的觸發點偷襲，身體習慣性地進入「戰或逃」模式。如果態這一刻沒有在追我，下一刻一定就在身後。

我在距離塞多納幾千里的地方度過了最疲累、最像驚弓之鳥的歲月。那場命案發生前沒幾天，我搬進了大學畢業兩年半以來第一間獨居的公寓——位於曼哈頓穆雷丘（Murray Hill）、約五坪大的破舊無電梯公寓，附有勉強堪用的小廚房、桃紅色的浴室磁磚，以及看得到克萊斯勒大廈的景色。最後這一點讓我花了身為編輯助理的大半薪水付房租，還算是值得。

我說不上來生活如何從處處都是觸發點轉變為越來越少、從避免接觸曾經讓我開心的事物轉變為再次熟悉那些事物。我經歷了多年的療程，反覆試驗抗抑鬱劑，還有了名叫拉菲的新室友——活潑好動的棕色拉布拉多貴賓狗（labradoodle）。命案發生一年後，我搬進了新公寓，這間有全尺寸冰箱，大樓也有一些安全措施，暴露在外的風險較小，這件事長久以來讓我覺得意義重大。跟後來成為我老公的男人陷入愛河、找到幸福並生養孩子也是。

時間就這樣流逝，它沒有撫平太多傷口，而是教我如何與哀慟共處得更好一些。觸發點已經不像以往多得把我淹沒。除了二月十六到十八日，因為他們在十六日被殺害、十八日被發現。那時我會陷入最憂鬱、焦慮、容易爆炸的狀態——**去你的，KIA 塞多納休旅車**。

在多數的其他日子裡，我的觸發點比較少而且有其特性，像是不刪除語音信箱。因為我希望有一則來自我爸，但我過去偶爾覺得自己太忙、沒空接他的電話時並沒有轉入語音信箱。像是避免去做記憶中我在命案發生前幾天做過的事，害怕那些看似無害的舉動——逛傢俱店、點泰國菜外賣、清理皮夾——可能帶來不祥。我想要說自己找到了健康的方式避免這種逃遁行為，也破除了觸發點與相關迷信。不過，常常滿到無法留言的語音信箱，以及被塞爆到拉鍊拉不起來的皮夾，透露出我依舊如履薄冰地在過生活。

往左邊一點點

A Little to the Left

亞曼達・帕爾默（Amandn Palmer）
創作於二〇一八年

但是這樣比較完美。因為它並不完美；因為如果我不知道，就有想像空間。「完美」、「已知」都死了。「未知」、「或許」還活著。因為有問題，代表可能有答案。

我在丈夫煮來當晚餐的馬鈴薯烘蛋上撒了一些香菜。廚房裡什麼也沒有，只剩下蛋和一些沒吃完的馬鈴薯（還有一把香菜）。

我想起了安東尼，他常常這麼做。腦中冒出了「香菜想法」：他受不了的是歐芹還是香菜？

反正是其中一個，我不記得。

「香菜想法」本來沒什麼，占據腦袋的時間不會超過一毫秒。現在它被哀慟層層包裹，硬得堅不可摧；這種思維模式會隨著時間越陷越深。

我與安東尼的故事是這樣開始的（新鮮的傷口，每分每秒都在變硬）：他在我九歲時搬來我家隔壁，跟我成為朋友，他膝下無子對我視如己出，扮演我一直渴望擁有的父親角色。他讓我學會慈悲、瑜珈與禪修；Fugazi樂團的音樂；如何對付宿醉或毒蟲大學男友。他不去批判，不太會。

他教我如何愛人並饒了自己。他就像一名牧師，我每個星期、有時每天，都會向他告解；他也不那麼像一名牧師，在我做完內心深處的黑暗告解後，我們會講愚蠢的下三濫笑話。

我們之間的關係無法歸類。我發現自己懷孕時，第一個打給他。好幾次，我墮了胎，第一個打給他；好幾次，每段感情在開始與結束時，我都是先打給他。安東尼代表起點與終點。我們幾乎天天聯絡。

我以前在高中演話劇時都會跟自己玩一個遊戲——窮人版的方法演技。如果要演哭戲，我有一個絕招：我會想像安東尼死掉。屢試不爽，每次都會哭出來。

我在七千里遠的一座小島進行瑜珈靜修時接到電話通知。他生了病，被判了死刑，幾個星期後雖被赦免，過了幾個星期卻又倒下，比肥皂劇更多假警報與假希望。我把人生的重要時刻都取消了，取消了搬家、取消了樂團巡迴演出、取消了任何會讓我離開他太遠太久的計畫。我處於未知狀態中好幾年，他注射化療點滴的期間，我進進出出那間醫院的八樓，像在走自家廚房一樣。

我一直相信他可以熬過來，戰勝癌症。但他沒有。

總而言之，他撐了四年之後死於血癌。

我懷了第一個真的會**生下來**的孩子時，沒有第一個打給他；我甚至沒有第一個告訴他。我們那時幾乎不講電話了，我們的友情逐漸逝去，即使我再也沒有跟任何人如此親近；我們的友情跟他的身體一樣慢慢死亡，兩人都不願談論這個時間表。

在他進行化療的某一天，我告訴他了。我們坐在滴、滴、滴個不停的儀器旁，我莫名地感到疏離又害怕。病症讓他對消息很敏感，好消息亦然，所以我自私地不想因為他的反應而失望。他擠出一個笑容，說了一些好話，可是很冷淡，我甚至不記得他說了什麼。不管他說了什麼，我都希望他可以說更多。我想念我的朋友。

或許他說了，只是我忘了。或許他給了愛的箴言，只是我不記得。真希望我有把他的話錄下來，我只錄下了那些該死的醫生沒完沒了的長篇大論。

過去五年來他看著我在「孕期服用抗生素中毒」與「服用流產處方藥」的決定

之間掙扎，我因為自己的優柔寡斷陷入恐慌與左右拉扯。

我懷孕七個月時，他在親友的圍繞下於家中過世。他的妻子蘿拉環抱著他。我站在他身旁，我的丈夫環抱著我，我懷著身孕的大肚子在安東尼的背後隆起，我把子宮盡可能地壓在想像中的靈魂所在之處，試圖把他的靈魂趕到我未出世的寶寶靈魂裡，就像棒球日隨便一塊草皮上指揮停車的人，不知道車子往哪去，它們其實哪裡也不會**去**，只是需要停在**某個地方**。左邊一點點，後退，差不多就可以，右邊一點點，停。

我甚至不相信靈魂存在。我相信某個東西，類似靈魂的東西。

他過世的那一年有幾件事發生在我身上。

一、在他真正死去前，我就已經哀慟完畢。

我想這個狀況對久病辭世的逝者家屬來說很常見，但我在他死**前**花了好長一段時間哀慟，以致事後不再有太多情緒波動。前面的過程已經把悲傷吸光。

我在他死前四年第一次得知噩耗時，整整哭了二十四個小時。

我在三個不同的大洲上台表演前，因為不明智地看了最新驗血結果的簡訊而淚灑化妝間。我夜夜哭倒在丈夫懷裡，他躺在我身旁很無助，但對我很有幫助。

我哭了又哭。記得當我們的共同朋友尼可拉斯（我面對安東尼臨終的搭檔兼信使），打電話告訴我安東尼來日不多時，那種深不見底的哀慟感受。他說：「可能是時候回家了。」

我的反應有多少是因為懷孕的大肚子？剛抵達倫敦沒幾天就取消所有表演、計畫與承諾，趕回安東尼的床邊，這個壓力有多大？放掉最後一絲希望時，那種痛徹心扉的哀慟有多深？我永遠都不會知道。然而我衝下床去廁所往馬桶邊吐邊哭，抵擋不了強烈的情緒和身體反應，連自己都相當驚訝。

我看著嘔吐物在水中翻攪，心中想著完全不合邏輯的事。就像被重物擊中的當下，還不知道痛；只有巨大、狂暴的黑褐色哀慟噴濺而出，如同人一般大的鮮紅傷口劇烈灼燒。身體上的痛苦讓我明白那些愚蠢隱喻的意思，像是「椎心之痛」，真的會**痛**。

幾天之後，安東尼喘息著嚥下最後一口氣，我把他抱在懷裡，試圖說服那個類似靈魂的東西跳個五寸遠，進入煥然一新、唾手可得的人類容器，那裡沒有灼燒的傷口，也沒有噴濺的痛苦。我把自己描繪成〈聖殤〉畫作裡的聖母。

左邊一點點，右邊一點點。

二、黑暗中總有很怪但很爛的一線曙光。

我在寶寶出生後大約五個月才意識到這件事（他是男生，取名為安東尼，因為不這麼做太不合理，不過傷口太新，沒辦法一次又一次叫這個名字，所以都稱喚小名「艾許」）。

當時我走在街上，突然輕鬆了起來，我開始反思為什麼心情會變得這麼好。我有了兩個想法，砰、砰，就像打雷與閃電。

我再也不需要決定該不該生孩子。

要為懷裡的嬰兒負責任很難，然而再怎麼難，都比不過在流產診所外的樹下哭到不能自己，猶豫著該不該走進去。我大概知道如果下定決心生孩子，可以讓自己釋懷——我相信，但無法證明那種釋懷絕不會像選擇「不生孩子」一樣來得乾脆俐落。而我現在終於能夠釋懷了。

然後，我再也不需要擔心安東尼會不會死。

這個想法讓我吃了一驚，因為我從來都不覺得自己會這麼想，或想要這麼想。

他死掉這件事令人難以承受，但他不會**再死一遍**。這個想法讓我同時深深感到病態又輕鬆，實在**愚蠢至極**。我沒有繼續想下去，而是感到釋懷，並且讓釋懷代替哀慟。

三、他已經成為理想的完成式。

我記得自己鍾愛的拉丁文老師解釋過「perfect」這個字的美妙之處，它不但跟文法相關，基本上也有「完成」的意思。

安東尼死後不久，我以為他的故事不會再延續下去。我們會講他的笑話、學他的聲音、讓他活在記憶裡，也活在他給過的建議、他模仿母親虐待人的樣子，以及他的皮夾克與他送的刀具禮物。他的本性像不滅的靈魂繼續存在，但是他無法為自己的故事多加一筆。

他已經是完成式，那最後一口氣就像小說最後一頁的小小黑色句點。

或許死才能造就完美。

四、死掉的那個人不算是我的朋友。

我記得我們坐在門廊，他談起遺囑。「你總是離開。你不再需要我了。你總是不在。你有尼爾了。你有自己的大好前程。我應該會把書房裡的東西留給別人。」書房是他的人生寶物、祕密天地，我們在那裡度過無數個促膝長談的深夜，裡面過濾並集結了他的童年碎片，還有他從世界各地蒐羅來的刀具、佛像、拳擊手套，以及數百本有關卡夫卡和耶穌的書籍。

我當時也想離開他。我**犧牲**了這麼多，他還要**懲罰**我。

我是怎樣，天主教徒嗎？

他是天主教徒。我可能被傳染了。

他那時一天服用二十毫克的強體松（prednisone），強體松讓他變成一個混蛋。

他不再回簡訊。

我不斷嘗試。

我不禁好奇他躺在病床上那麼多天、那麼長的時間，要是沒了他的簡訊機器還能做些什麼。他把注意力分散到那些他從小教我要抗拒的事物。我的純素導師、我的神聖佛教禪修典範，就這樣消失在生牛排、冰淇淋聖代、抱怨與傳簡訊之中。

我簡直不敢相信。

臨終前，我們圍繞著他，等他嚥下最後一口氣。我們不想錯過那一刻。我沒哭，因為我哭過了，也因為我的朋友在幾個月前早已離開我。死掉的那個人早已不在。

五、他受不了的是歐芹還是香菜？

他真的很討厭其中一個，極為反感，就跟他要求服務生把第二杯酒裝在第一杯酒的酒杯裡的方式一樣（知道他有多厭惡洗碗精殘留物了吧），他曾質問道：「這道菜有加香菜嗎？」或「有加歐芹嗎？」「我很不喜歡。」

我在現場，不過我忘了。我可以傳簡訊問他的妻子蘿拉。她絕對知道、絕對記得。

但是這樣比較完美。因為它並不完美；因為如果我不知道，就有想像空間。「完美」、「已知」都死了。「未知」、「或許」還活著。

因為有問題，代表可能有答案。

這個答案……等在那裡，總是帶來期待。

寶寶從桌上抓了一把香菜。還是歐芹？

老媽追不上卡戴珊八卦

When Mom Kan't Keep Up with the Kardashians

凱特・史賓塞（Kate Spencer）
創作於二〇一四年，原刊載於現代失落網站

媽媽過世之後，大家總以為你會在重要時刻最想念她。他們當然是對的，我沒有一天不渴望跟她分享所有發生的事。

媽媽過世之後，大家總以為你會在重要時刻最想念她。

「真遺憾你媽媽錯過！」大學室友在我的婚禮上挽著手臂、隨著〈甜美的卡洛琳〉（Sweet Caroline）搖擺時，賓客這麼喊道。「要是你媽媽能見到她就好了。」朋友帶著千層麵和花過來，哄著我剛出世的女兒們時這麼說道。他們當然是對的，我沒有一天不渴望跟她分享所有發生的事。

事實上，我希望她還在的真正原因是想跟她討論卡戴珊一家。因為老天爺，我媽會很愛她們。

她也會批評她們，並且熱愛批評的感覺。解析她們被過度跟拍的一舉一動會是我們最喜歡一起做的事，其他還有逛街買柔軟的寬鬆棉T，以及坐在廚房流理台吃切達乳酪三明治配白酒。

光是克莉絲．卡戴珊（Kris Kardashian）想在金（Kim）的第一場婚禮前跑去拉皮這件事，就能讓我媽的女性主義作祟地嚷嚷：「這就是為什麼我不染頭髮！！！」她會慢慢在簡訊敲出：「她很美，應該愛自己原本的樣子！！！愛你，媽。」過了幾分鐘後，另一則簡訊傳來：「跟『一世代』（One Direction）團員交往的是哪一個？還有，我可以把你十年級的舊詩刊丟掉嗎？」我會翻白眼、嘆一口氣，然後回傳：「坎達兒（Kendall）。還有，不行。」加上一個笑臉。我其實很喜歡所有她傳給我的簡訊，不管內容多愚蠢。

她會厭惡金、那做作的聲音與空泛的自戀。我媽最看重自我調侃的幽默與好穿的鞋子，這兩樣金都沒有。不過她會認同克蘿伊（Khloe）的自以為是、機智風趣與對家庭的忠誠——發現她心中有一團火時常悶燒。

我媽會加入推特，然後打給我，她搞不清楚怎麼使用。一旦學會了，她只追蹤我、蜜雪兒・歐巴馬、霍華・史登（Howard Stern，美國廣播電視名主持人）、我最好的大學同學、一堆波士頓地方氣象預報員，以及世界上每一位卡戴珊家族成員。「克蘿伊剛剛退了拉瑪（LamLam）的追蹤！」她在推文中寫道，然後刪除，因為她其實是要私訊我。她很驚訝他會吸毒，「他不像是那種人啊！」她會在廚房裡喝茶時倒抽一口氣。一談到他劈腿，她會翻白眼說：「想也知道他會。」她會一邊搖頭、一邊伸手到櫥櫃裡拿出私藏的甘草糖；那裡裝滿了有的沒的，沒人敢碰。「所有男人都很噁心。」這時沙發上的爸爸會出聲抗議。「所有男人，但除了你，吉姆！」她會這麼回應，然後對著我故意擠眉弄眼。

這種看法讓她很討厭史考特・狄斯克（Scott Disick）。我們在雜貨店偶然瞥見小報封面上他穿著Gucci樂福鞋走路的樣子，媽媽會對我說：「我根本不想看到他的臉。」卻會流著淚看寇特妮（Kourtney）生產，並在她自己把寶寶從陰道裡拉出來時鼓掌喝采。媽媽會驕傲地轉過頭跟我說：「你跟你弟弟出生時，我也是這麼做的。沒有止痛藥——」

我會幫她把話講完：「——只有清涼冰晶片硬糖。」

媽媽的想法總是很先進，她會在凱特琳・詹納（Caitlyn Jenner）決定當跨性別女性時大聲叫好。她會自己研究性別代詞，然後在爸爸每次不小心用「他」稱呼凱特琳時糾正他。她會翻白眼說：「你爸爸還沒醒，我會好好教他。」

她對於卡戴珊一家的熱愛促使她探索陌生的領域，像是社群軟體Snapchat。她會花好幾個月的時間才搞懂——「這東西為什麼一直讓我看起來像狗？！」——不過可以追蹤卡戴珊一家，讓一切都值得了。她會在電話另一頭尖叫：「拉瑪參加了她們的復活節活動！」拉瑪在經過了「愛情牧場」妓院服藥過量事件後，還能跟卡戴珊家族聚在一起，讓我媽媽驚奇不已。「噢，還有別生氣，我幫你買了凱莉唇彩組（Kylie Lip Kit）。」

其中她最愛的是克莉絲與女兒們之間的關係。她會指著電視說：「看看她對女兒們多保護！我對你們也是這樣。她會為孩子做任何事。」

我回答：「真可惜你沒想到要利用我的性愛光碟來提升家族知名度。」

「你才沒有性愛光碟！」她尖叫道。「等等，你有嗎？」

我會用力打她的手臂、躲在她凹凸不平的舊浴袍裡說：「媽。很噁耶。」

她轉回去看電視說：「我是沒差啦，只要你沒讓他尿尿在你身上就好。」

我傾身向前，將咖啡桌上的酒杯重新斟滿，告訴她：「你太扯了。」

「我知道。」她回答。

我補充說：「我就是愛你這一點。」並將腳鑽到她的腿下面。

然後我們會一起把注意力轉回電視上，在同一時間大笑，直到片尾名單開始跑。

益智遊戲
Brain Games

查米克．霍德斯克勞（Chamique Holdsclaw）
創作於二〇一八年

我現在已經退休，過著忠於自我、問心無愧的生活，並把熱情投注在幫助深受精神疾病所苦的人。她的遺愛會成為催化劑，促使我在往後的歲月發光發熱。

在紐約皇后區阿斯托里亞（Astoria）國宅的簡約公寓裡，住有外婆、我、弟弟。外婆將我視為小女兒，盡心扶養我長大。我的酒鬼母親會醉倒在公園長椅上，而父親患有思覺失調症，他們都不是養兒育女的最佳人選；因此外婆代行父母職，給了我們姊弟倆一個家庭和良好的教育，而且在重要時刻一定會出現。

我的每一場籃球比賽，她幾乎都會到場——從高中、大學，一路到一九九九年成為美國女子職業籃球聯賽（WNBA）的選秀狀元。有了職業運動員所帶來的薪水和些許名氣，我設定了一個目標——要供養這麼多年來一手把我帶大的女人，讓她能在接下來的許多年過上好日子。然而在二〇〇二年，外婆卻心臟病發過世，她才六十四歲。

我一直在對抗焦慮與情緒控管的問題。外婆過世後，情況變得更糟。雖然我熱愛籃球，還是考慮放棄比賽。因為沒有她為我加油，我找不到繼續下去的理由。不僅如此，我也找不到活下去的理由。一下子陷入哀慟裡，後來又被診斷出精神疾病，組合起來更是雪上加霜。

很快地我在兩種狀態之間來回擺盪——睡眠與歇斯底里發作。當時我在華府為華盛頓神祕隊（Washington Mystics）效力，我勉強提起精神撐過一場練習或比賽，然後回家、拉上窗簾，把自己關在屋裡。幾個星期就這樣過去——直到我終於錯過了練習。某個擁有我家備份鑰匙的朋友擔心地過來查看，公寓內一片漆黑與狼藉。她說我聞起來像是剛比賽完，但是我沒有；她逼著我去沖澡，然後到外面透透氣，我試著向她保證自己沒事。

我不想讓隊友與大眾知道我變得多消沉、絕望又失衡。我不想讓其他球員、教練、粉絲或家人失望。最重要的是，我不想讓養育我的外婆失望，她一定不想看到我一蹶不振，所以我說服自己絕對不要再讓心理問題成為職業生涯的阻礙。

然而四年後還是破功了。當時我效力洛杉磯火花隊（Los Angeles Sparks），我以為換個環境——加上加州充足的陽光——會讓我好起來。不過極端的情緒與輕生的念頭還是找上門。我陷入低潮，場上的表現也連帶受到影響，因為我無法專心，和隊友的關係也一落千丈，我把她們推離我身邊。

我回家探視家人，那時爸爸被思覺失調症纏身，繼父則得了食道癌。那一趟旅程令我身心俱疲，無力面對他們的病情。某晚，我回到洛杉磯，無助的感覺轉為絕望，我比任何時刻都還想跟外婆在一起。那一次，我服下過量的處方藥，醒來時人已經在醫院，被監控以防自殺。當下我心想：「我要讓外婆的死也害死我自己嗎？她會有多鄙視這種念頭。」

想通之後，我終於去接受診斷（第二型雙極性疾患）、參加療程並開始進行藥物治療。事情並沒有到此結束，事實上，第三次發作比前兩次都還要嚴重；但我總是回去接受治療，心裡很清楚外婆不會讓她成為我結束職涯甚至生命的理由。

我現在已經從籃壇退休，過著忠於自我、問心無愧的生活，並把熱情投注在幫助其他深受精神疾病所苦的人。外婆的死讓我崩潰，但她的遺愛會成為催化劑，促使我在往後的歲月發光發熱。這是她的功勞，也是我自己的功勞。

傑克死後的感恩節

Thanksgiving After Jack

安娜．維斯頓唐納森（Anna Whiston-Donaldson）
創作於二〇一四年，原刊載於現代失落網站

感恩節不過就是一年三百六十五天的其中一天，沒什麼特別意義。現在，哀慟帶給我們全新詞彙，再常見的字眼都不再顯得自然——兒子、溺水、死亡。

當我提到「第一個感恩節」時，指的不是**歷史上**第一個感恩節——清教徒與萬帕諾亞格人（Wampanoag）的故事，而是我們的兒子在二〇一一年死後的第一個感恩節。在感恩節來臨前幾週的某個星期四，十二歲的傑克在下雨天出去玩，結果在鄰居屋後被湍急的溪水沖走。

傑克死後的第一個感恩節，一切都感覺不對勁。第一次駕車出遊是三個人，而不是四個人。這一天是用來表達感謝之意與歡慶家人相聚的日子，但我們彷彿斷了線，震驚的腦袋尚未理解這不是個扭曲的玩笑。

親戚們從美國各地飛來團聚。他們大可待得遠遠的，在家享受連假，看個美式足球或在附近走走，但他們就是想聚在一起，即使沒有人知道要做什麼。於是，我們出席了，把外套堆在我阿姨的廚房角落，重重踏步去除腳上的寒氣。

從科羅拉多州過來的表妹安琪拉，敘述起住在華府的朋友如何在電視上看到傑克出意外的消息並打給她。我渴望知道每個細節，渴望知道電話直到深夜還響個不停，渴望知道我們不是唯一受苦的人，不過我的丈夫提姆聽不下去。他不想回憶那一晚——傾盆大雨、泥巴的味道、隊伍搜尋傑克下落時向我們襲來的恐懼與無助，以及十歲的女兒瑪格麗特哭喊著：「可是，我不想變成獨生女！」提姆離開了現場。

這是我們以不同方式面對喪子之痛的早期徵兆。沒有人比我們兩個更愛傑克，但我們必須一次又一次地對彼此展現耐心與寬容，讓各自去哀悼同一個孩子。提姆會忙起來，用運動、活動和新朋友把空閒時間填滿；我的圈子會縮小，以寫作來跟哀悼傑克的人一起消化傷痛。我想知道那場意外的詳情，有沒有別的挽救方法；提姆只聚焦在最重要的事——傑克不在了。我們兒子的青綠色臥室空蕩蕩，再多的細節或淚眼婆娑的討論都改變不了這個事實。我跟提姆在一起已經二十年了，早就有了既定模式，現在必須共同拼湊出新的相處之道。

此外，還得顧及瑪格麗特，她希望這次感恩節能跟以往沒兩樣。看到父母裝作沒事的樣子，偶爾擠出笑聲，或在廚房拍拍彼此的肩膀，她最好是會相信，在這個會一瞬間失去手足的可怕世界裡，我們還能把她照顧好。

阿姨把火雞從烤箱裡拿了出來。提姆回來後，便和安琪拉摺紙並剪成蕾絲花邊，套在火雞的腿上。在另一個「第一個感恩節」，我把當時還是男友的提姆介紹給大家庭，從那年起，這件事一直都是他們倆的工作。當時提姆很愛開玩笑，而安琪拉表妹沒有比現在的傑克大。**過世的傑克**。

在十九年前的那個感恩節，我們得知那些紙做的摺邊叫做「紙包」（papillote）。我們每年都會笑著重新咀嚼這個詞，因為感恩節不過就是一年三百六十五天的其中一天，沒什麼特別意義。現在，哀慟帶給我們全新詞彙，再常見的字眼都不再顯得自然——兒子、溺水、死亡。

我們試圖讓氣氛輕鬆起來，在小小的廚房裡穿梭彼此身邊，將東西拿到飯廳。我們開玩笑說感恩節是傑克最不喜歡的節日，因為餐點都是他不愛的食物。怎麼會有小孩不喜歡馬鈴薯泥呢？

我從包包裡掏出一根蠟燭，放在桌上，說：「這是朋友給我的，要我點在傑克的位子。希望大家別在意，它的味道有點重。」表哥艾瑞克隨即開口：「呃，媽媽對香水很敏感，或許吃完晚餐再點比較好。」

那一刻既尷尬又傷人，話一說出口他就後悔了。我的眼眶盈滿淚水，顯然我什麼事都做不好，不管是當母親還是當哀悼者。是我讓孩子們在雨中玩耍，最後只有一個回來。我甚至還不出一根不會冒犯到別人的該死蠟燭。我一把抓住它，塞回包包裡，說：「沒關係，算了。」

他想把話收回：「不，不！對不起。點蠟燭很好。」明明就不好，沒有一件事是好的。我不要蠟燭，我要我的兒子。我不想心存感激，但經歷了這麼多痛苦與恐懼，我還是很感激傑克來當我的兒子，雖然只有短短十二年。

當我們晚上依偎在黑暗之中，他有時候會嫌棄自己，說他的朋友帕克比較聰明、有運動細胞，甚至連髮型都比他好看。我聽到這裡笑了，一一列出傑克的特別之處。我最後會告訴他，我為帕克的母親感到十分**遺憾**，因為她沒能當傑克唐納森的媽媽。

傑克會說：「才怪！你會這麼說是因為你是我媽媽。如果你是帕克的媽媽，一定會對他有同樣感受。」老天，還真有邏輯。不過我真的覺得自己很幸運，我是中了頭獎才能生下這個瘦巴巴、敏感又搞笑的孩子。

我不知道我們要怎麼熬過這一餐或下一餐——或是後半輩子的感恩節——而不心碎滿地。我不知道怎麼去紀念去年還活生生跟我們和紙包火雞一起坐在這裡的男孩。

或許點蠟燭是對的——又或許不對。或許笑中帶淚地分享傑克的故事是對的。我不知道。

可能只是一個破碎的家庭，鼓起他們所沒有的力氣、坐上車、往西開去、決定現身。

不毛之地
The Barren Field

海倫・切莉克芙（Helen Chernikoff）
創作於二〇一八年

在那裡我學到的事之一：如果你用「至少」的心態或字眼去回應別人的苦難，等於是在貶低對方的感受，可能因為他們的痛苦讓你焦慮。這不叫同理心。

當我失去寶寶時，並非僅僅想要跟其他女人一樣擁有小孩，而是希望她們也失去寶寶。

我在懷孕二十三週時失去第一個寶寶，那個十月正值美好的深秋、冬日即將到來。為了紀念我父親的父親，我把那個寶寶取名為傑克，他是我做了六個月不孕症治療的結果。接下來的夏天，我自然懷孕了，不過在美好的秋季結束、冬日來臨前，我又在十七週時流產，而這次取名為亨利，是為了紀念我母親的父親。那天我照例去醫生那兒做超音波，但觀測不到寶寶心跳。我轉過頭，看到沒了生命的胎兒在我體內漂浮，我永遠忘不了那一幕。

接連失去寶寶後，我已經不太會去羨慕自己認識和遇到的孕婦。「羨慕」在我眼裡是小意思，它只不過代表你想要得到某個他人擁有的東西。誰不會偶爾羨慕別人？不，我是嫉妒，嫉妒就不一樣了——你不希望別人得到你想要的東西。

「經歷過失去後，人生變得一切都不對勁。」⑩你能夠體會為什麼詩人奧登（W. H. Auden）在愛人死後，會哀求世界將所有時鐘停下來並切斷電話線。你了解到控制是一種錯覺，而那個錯覺已經永遠消失，取而代之的是恐懼。如果這件事可能發生，任何事都可能發生；如果它發生了，任何事都會發生。奧登寫道：「因為世間已再無美好。」

雪上加霜的是，我住的布朗史東布魯克林社區以文青父母出名，陪產員滿街跑，隨處可見產前產後皮拉提斯中心、母嬰親善酒吧與迷你紳士帽。失去亨利不久後的某個早晨，我在自家大樓與心愛咖啡店之間的五個街區看見了三名孕婦，當我

⑩ W．H．奧登，〈葬禮藍調（停止所有的時鐘）〉（Funeral Blues〔Stop All the Clocks〕）。

步履蹣跚地要進入室內時又看見另一個。世上的好人有所不知，我是個死亡天使。我想要偷偷地走到他們跟前，恨恨地說：「別太得意。你的寶寶可能會死！你的寶寶可能會死！」

我引以為恥，因為我骨子裡十分清楚沒有人會邪惡到詛咒她的鄰居跟自己一樣不幸。在不被嫉妒心蒙蔽時，我其實會用心地替朋友挑選適合的生日禮物，貼心地不去打斷別人，為了安慰含淚的同事而取消會議。所以失去寶寶後的種種情緒，讓我感到陌生、害怕又孤獨。

我甚至不敢跟母親透露那股深層的惡意，但她知道我的狀況很糟。她不只一次建議我參加互助團體。我總是抗拒——誰想要加入這種俱樂部啊？然而這次絕望勝過了否定。

連續八週的星期二晚上，我們與其他三對夫妻在主辦單位非營利組織的簡樸會議室聚會。熱心的輔導員會在前方的白板描繪出哀慟的幾個階段，他們本身也是這個團體的產物。旁邊有一個推車，放了有關不孕、流產與死產的少數藏書。房間實在很狹小，我們得歪著身體、低聲說好幾次「不好意思」才能來到桌邊。大家會輪流帶零食，分享各自慘痛的故事。每個人都踴躍舉手、禮讓發言，並經常反思什麼是真正的同理心。

在那裡我學到事之一：如果你用「至少」的心態或字眼去回應別人的苦難，等於是在貶低對方的感受，可能因為他們的痛苦讓你焦慮。**至少你沒生出一個死胎，至少你不必養一個特殊兒**。這不叫同理心。

我跟丈夫都很喜歡並佩服這個互助團體的成員，超越了同病相憐的情誼。可是不知道為什麼，我與其中一名女子特別投緣，某個晚上，在她和我們的老公們走路去搭地鐵的途中，我忍不住跟她私下交談。我給了她一張名片，說了可以隨時打給我；我提議約個時間喝咖啡。我對自己的積極程度有點困惑，卻樂見嫉妒之外的改變。對另一個人產生興趣——多新奇呀！——能減輕我的痛苦。我覺得自己仁慈、大方又溫暖，就像灰姑娘的神仙教母。

直到她懷上孩子，我又變回邪惡的後母。難怪凱特．布蘭琪在《仙履奇緣》（*Cinderella*）飾演的後母，會穿那麼多種綠色系的陰森戲服，並強調痛恨自己的繼女，因為她很好。我的慷慨大方已經消失殆盡。

請別誤會我，我並沒有對她做出什麼殘酷的事，我只是什麼也沒做。我沒有打電話給她，或暗示她應該打給我；我們沒有出去喝咖啡。過了兩年，我對她的生活一無所知。

這特別令人難過，因為隨著時間過去，我終於比較釋懷了。雖然一打開臉書就看到新生兒的照片還是會心如刀割，而現在我把悲傷的焦點從那個寶寶的存在，轉移到自己寶寶的不存在。我可以更快地從那些觸發點恢復過來，達到一個底線，再次去感受日常生活以及他人的幸福快樂。不過，我的朋友變少了。在互助團體認識的那名女子不是我過去這幾年唯一沒交成或失去的朋友，我想念他們。有時，我告訴自己該回去找他們了，或許他們能夠了解，但我的猶豫被羞愧蓋了過去。

嫉妒是一場焦土戰，留下一片不毛之地。

遇見失落，你可以這樣做

找隊員的注意事項

The Dos and Don'ts of Building Your Crew

喪親會把你的社交圈搞得一團亂，但是挺你的大有人在，用以下方法找到他們吧！

建議①：明確告知你需要什麼——以及不需要什麼。

「你可以過來跟我一起靜靜地看難看的電視節目嗎？」

在理想的世界中，好友會隨時知道你的需求；然而實際上，他們可能真的毫無頭緒。發出訊息，幫他們一把，讓他們可以為你做點什麼。

建議②：發起新活動（會有人來的）。

邀請函

對　　象：你
活動內容：披薩、酒、
　　　　　毫不留情的直白
時　　間：星期一
　　　　　晚上七點半
地　　點：我家
原　　因：男友死了

敬請回覆

願望成真，寶貝。

有時你必須先付出。為其他有類似喪親經驗的人發起每月一次的晚餐聚會、跑步團體或節日交換禮物派對。如果你還沒有認識這些人，可以擴大邀請，他們會出現的。

建議③：抱著一顆開放的心支持在網路上與現實中冒出來的同類人。

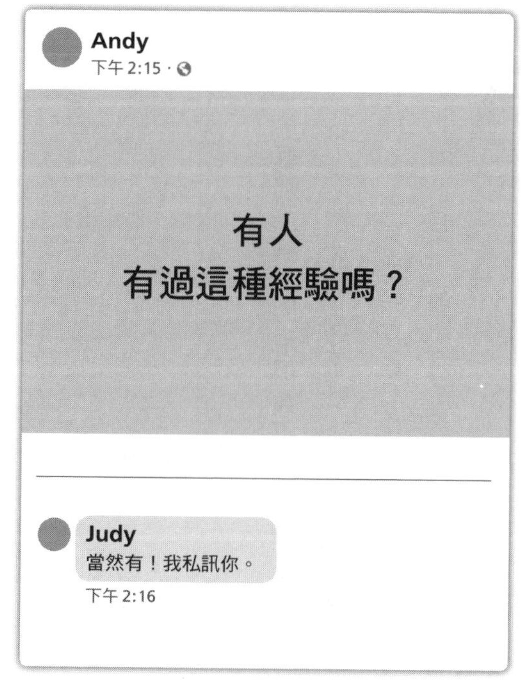

相同境遇的人可能來自支持團體、臉書、朋友的朋友，或甚至雞尾酒派對上一場偶然的對話。

建議④：放過不出現的人一馬。

「沒有寫卡片、沒有打電話、沒有傳簡訊，什麼都沒有！我以為我們是朋友。」

有些人可能會從你的生活中消失，但在將友情一筆勾銷之前先好好想一想。當最痛的時刻過去，你還是可以隨時分享感受。

不建議①：放棄那些雖然出現但幫不上忙的朋友。

「事實上，我不需要你問我好不好；我只需要你傾聽。」

就算是愛你的人，在不知道該說什麼好的時候也會說出蠢話。你可以客氣地指正他們，別太過苛責。他們可能很努力地嘗試了，並且希望下次能做得更好。

不建議②：害怕說出實情。

「今天……其實糟透了，是我女兒的四歲冥誕。」

會有人對你的哀慟感到不自在，也會有人能夠妥善面對、傾聽和透過痛苦與你產生連結，畢竟只要是人都會有痛苦。

雖然不是每次都管用，但隨著時間過去，你會越來越看得出來可以跟哪些人分享。

親密關係：一減一，再加一，這樣是多少？

Intimacy: 1-1+1=?

序言 Introduction

蕾貝卡．索佛（Rebecca Soffer）

一想到羅曼史，我想像的是賓州上達比（Upper Darby）的墓地，我媽媽就葬在那裡。爸爸站在她的墓前，在場還有兩位我的前男友、幾十個媽媽的好友，以及我自己的許多朋友。

我不走哥德風，也不搞噱頭，我攀不上這兩種生活方式的邊。不過對我而言，那座墓地讓我聯想到愛，甚至希望，因為我在那裡發覺到原本隨興的約會對象，有可能會成為結婚對象。

事情就發生在二〇〇七年十月，我母親的「揭幕」（unveiling）儀式上。我們猶太人會在死者的一週年忌日前後為其揭開墓碑，代表沉浸於悲傷的喪期已經結束，照理來說（「照理來說」是關鍵詞）哀慟會進入一個較不痛苦的階段。

那一場儀式很美。我很努力地規劃，以具有生產力的方式來宣洩「我為什麼還沒走出來」的精力。我邀請了摯愛的親友，但沒想到賈斯汀會現身。

我們只約會了兩個月，當初是在一場義賣活動上認識的，我們兩個站在同一個靜悄悄的拍賣桌前，上面擺滿了夢幻逸品，像是名人簽名的白色電吉他與儲存臍帶血的禮券。他直視我的眼睛問我過得如何，他逗得我大笑。在我站著吃開胃菜、像個幼兒一樣吃得髒兮兮時，他沒有露出遇到瘋子的眼神並慢慢地越退越遠。

「我是個有問題的商品。」那年夏天我這麼告訴他。我做好了被拒絕的心理準備，但他沒有退縮。

他說：「嗯……我只是想在你的身邊。可以嗎？」

奇怪的是，在害怕他會拋棄我的情況下，我不確定可不可以。事實上，我一直都沒把握，以致認識一個月後終於進行了第一次約會時，我故意跟二十個朋友去康尼島（Coney Island）當布魯克林旋風隊（Brooklyn Cyclones）的伴護作為緩衝。幾週下來，我只在星期三晚上跟他出去，深怕與他扯上任何關係。他接納我的悲傷，跟我在母親死後幾個月瘋狂約會的那些男人截然不同。那些揮棒落空的嘗試可以構成一次方程式：深陷哀慟的女人想要找到愛情的慰藉＋不吃這一套的男人＝沒有人贏。我有好幾個月的時間覺得自己像一部沒有人要招的計程車。

第一個神經質的追求者是山姆（化名是為了保護當事人，雖然他不值得）。我們透過朋友認識，出去幾次都很開心，好險沒有任何深入的對話。幾個星期後，我們隨興地吃晚餐，他問我父母住在哪裡。我感到反胃，那是我第一次必須對剛認識的人坦白喪親之事。我抓起一根薯條，面無表情地據實以告：「媽媽剛過世，我在服喪。」過沒幾分鐘，山姆把我送進計程車，含糊地說什麼他早上有一場電話會議，然後甩上門，**敲了車窗兩下**，要司機踩下油門開得遠遠地。我回到家之後，才感到被刺中的傷口越來越痛。我覺得自己像是用哀慟換感情，只換來一身狼狽。從此再也沒有山姆的消息。

下一個是安東尼奧（化名也是為了保護當事人，雖然他一樣不值得），我的朋友都叫他「卡拉卡斯」（Caracas），他們用死命睜大的雙眼來表達這個人是爛咖。我在二〇〇七年上半年去委內瑞拉旅行一週時跟他聯繫上──應該說重新聯繫上。我為了重溫當年大學一畢業就到委內瑞拉生活與工作的快樂時光，因而重遊舊地，其中少不了他的身影。他在我的朋友圈裡，也在我父母來訪時見過他們。那一趟旅程到了尾聲，「卡拉卡斯」跟他的女友做了了斷，我們很快地在紐約與波哥大相會。後來他又回頭找前女友，當然變成我跟他做了了斷。

還有伊凡（化名同樣為了保護當事人，雖然他……你知道我要說什麼），這個潛在的相親對象，他在我媽媽出事前幾分鐘傳來電子郵件做自我介紹。一個月後我們約出去見面，相處起來很輕鬆，並在諾利塔（Nolita）接了吻。我以為他是我母親摯友介紹的對象，就不會是個混帳。我當時也希望媽媽能當我的守護天使，派人來照顧我，因為我真的很想被人照顧，不過約會三次之後便沒了下文。

作祟的不只有守護天使與約會對象。雖然我很小心不要讓自己的包袱掉到別人身上，但光是「哀慟」這個**概念**，就嚇跑了幾個長久以來我視為至交的朋友。他們默默地從我的生活中消失，我一直傻傻地等著人家來打開我的心房，而我想有些人並不想知道我有什麼話要說。這一切都消失得不是時候，因為哀慟會讓你感到特別孤獨。

死亡是終極的分手。跟分手一樣，只是不知道是幾倍的程度，它的後座力可能讓你從此關上心門，或以想像不到的方式把你剖開，通常兩個情況都會出現在各種時間點。父母過世後的那些年，我僅讓少數人進入心房，丟掉壞種子。我也試著把真正有意義的友誼排在公事前面；內心的老爸魂常常提醒我：「沒有人在臨終會說希望自己多花些時間在辦公室。」

真正的朋友也是存在的。我的孤獨、黑暗時光因為意想不到的親密交流而舒緩。像是萍水相逢的人邀請我去喝杯飲料或散散步，因為他們也經歷過失去的傷痛，以及讓我在他們的懷裡哭泣，且不會說出「過了一年就會好了」這種蠢話。或是我的閨密來參加母親的葬禮，並規劃一個月一次的周日早晨狂歡酒會（附食物），確保我不會窩在沙發的小角落耍孤僻。「早午餐俱樂部」對我、甚至這些閨密來說，都是最棒的事之一，因為它創造出歷久不衰的友情。

或是我的大學老朋友布雷特。媽媽過世後三個月，我在十二月的某個晚上用有氣無力的聲音留了語音訊息給他，他回撥時在電話另一頭大吼：「羅森伯格！十五分鐘後到七十街與百老匯大道交叉口見我！」我當時想要回家喝個爛醉，坦白說況有可能更糟，不過我強迫自己冒著風雪去見他。到了之後，他懷裡抱著一棵巨無霸聖誕樹，臉上掛著大大的笑容。「我們整個晚上有得忙了！耶！噢，我可以跟你借二十美元嗎？」就這樣，兩個猶太人真的花了整個晚上的時間，在天花板只有九呎高的公寓裡，裝飾一棵十呎高的耶誕樹。他沒有讓我離開他的視線。他的做法不完美又可笑，卻是我遇過最感人的舉動之一——從此啟發我為遭遇不幸的朋友們提供同樣荒唐的活動。

最重要的是，賈斯汀出現了。在揭幕儀式那一天，這位我不熟的男子目睹了我在墳墓邊流下眼淚，並對此處之泰然。跟他聊天的人只聚焦於他在我的人生中可能扮演什麼角色（不要有壓力），他還跑出去買了哇哇三明治當晚餐。那天，我必須選擇的是要安全地避免再次受傷，還是對這個安靜內向的男人敞開心房，不管怎樣他都以行動證明了心意，我應該盡可能以同樣方式對待他。提心吊膽地，我選了後者。誰知道呢——搞不好那天我真的有守護天使。

我們的關係並不是一帆風順。我的意思是，經營婚姻本來就不容易，但那是別的書籍主題，我絕對不夠格去寫。我談的是他因為愛上一個心裡永遠有洞的女人而背負包袱，而我的包袱是當那個心裡永遠有洞的人。我會一直很遺憾他無緣見我的母親，以及他只認識我那個痛失摯愛、有時行為令人難以忍受的父親。但賈斯汀跟著我惹了一身腥，願意一起共患難，並全心投入一場四人行的婚姻，而其中兩個是幽靈。

哀慟與慾望是對雙胞胎

Meet the Twins: Grief and Desire

艾蜜莉．拉普．布萊克（Emily Rapp Black）
創作於二〇一八年

哀慟改變了我，改變了我感受慾望的方式，讓我們得以一嶄新的人與不同可能性的自己，哀慟讓我們變了樣，把我們的身體與心靈劈成兩半，這是與其共存而不被摧毀的唯一方法。

自我在欲望的邊緣成形。

——安妮．卡森（Anne Carson），《愛：苦樂參半》（*Eros the Bittersweet*）

兒子羅南過世後，我只想寫作和打炮。

我沒有試圖跟朋友上床，沒有喝醉之後跟陌生人一夜情，沒有在螺旋梯上方的小房間裡亂搞3P；沒有在布魯克林布希維克一間以時計費的汽車旅館，跟一個我肖想已久的朋友度過激情的一晚，那個地方破爛到床上貼了紙，門上沒有鎖，但完全沒有降低我的性致；沒有徹夜未眠寫作；沒有在開車時把筆電放在大腿上，只為了等紅燈時可以打字，語句從我的腦中不斷湧出。

為什麼呢？因為這些事情我都做過了，就在羅南九個月大時被診斷出戴賽克斯症（Tay-Sachs disease），直到將近三歲病逝的兩年間。瘋狂工作與瘋狂打炮是我稱之為「發洩情緒」的一部分。這段期間的某些日子，我仍處於已婚狀態，並和孩子的爸住在一起；某些日子則分居。不過我並不以這些事情發生的時間、地點或方式為恥，雖然我了解這種行為對很多人造成傷害，卻還是不感到後悔。我在羅南邁向死亡期間所經歷的瘋狂寫作和做愛，特別是後者，改變了我，也拯救了我。任何好的情人都會承擔某種風險，跟任何創作者一樣——冒險才有活著的感覺。

我一見到後來成為我老公的肯特，馬上就陷入這輩子一直在等待的偉大愛情，那種置之死地而後生的愛情；他成為了我狂戀的對象，我無時無刻都想要他。

起初很好玩。肯特每次晚餐做到一半，褲子就會褪到腳踝。一大堆頂級牛排在架子上烤焦，食材在爐子上燒起來，因為我們忙著在各個房間、廚房餐桌或現在同住的屋子隱密後院做那檔子事。我想要以各種方式做愛，車子裡、公共場所（最愛聖塔菲郊外的露營區），在任何地點、任何時刻都想要。我們在熱戀期的頭幾個月過著揮霍、美妙又痛快的生活，那時羅南還在世。這段感情的新鮮感帶來鼓舞，我們的身心驚人地一拍即合。在羅南病情急轉直下的期間，從平凡到深奧的話題無所不談，甚至情緒處於恐慌到僵住、懼怕到發狂時也是。

羅南病逝，我們鬆了一口氣，幾乎可說是欣喜若狂，因為他的苦難已結束。看著某人死去，凸顯了生命的脆弱、混亂的力量、哀慟的永恆。性——它的刺激、它的感受、那個在體內翻騰的本質——跟死亡正好相反。它是生命，我需要生命。

不得不尷尬地說，我在這個時期的性慾比以往都要強烈。這是正常反應嗎？我很懷疑。羅南死後的那幾個星期，我應該穿得一身黑，在暗黑裡哭泣，還是正襟危坐地連續冥想數個小時？當時我的慾望滿溢出來，我想要肯特——他的注意力、他的身體、他的釋放、他的氣味與毛髮及肉體，還有傳入耳際的聲音。我不要溫柔的性愛，我想要淫聲浪語，因為這樣才比較不會覺得自己是個喪子的母親，而是普通的女人，由慾望與衝動構成的動物。我不要人家輕聲細語地訴說，他們對我的遭遇感到多「抱歉」。我想要稍微被壓制、被攻擊、被摔來摔去，被弄疼。

這讓我們倆都有點困窘。當然每個人都希望被需要，而魚水之歡是人生一大樂事，特別是你深愛與信任伴侶之時。不過這個狀況有點不同，我們都注意到了。在我意識到之前，肯特已經正確地察覺原因並非來自我對他的慾望（雖然光是看著他在餐桌上的手就能讓我濕了，現在依然如此），而是我的強烈悲傷，它在我的肚子、額頭與指尖縈繞。我不想去感覺到它，我要它離開我的皮膚。我賴著肯特求的是建立連結，也是斷開連結。在某種意義上，那是我們最不親密的時刻。我的行為跟得知羅南確診後的當下沒兩樣，我不斷用頭去撞牆，直到別人阻止，彷彿試著強迫腦袋、身軀和現實進入新的世界。

我最早的性教育課是在冷颼颼的教堂地下室裡學的，它教我只有受婚姻約束的性愛才是好的，所謂的「好」是道德上的好，而非字面上那種狂喜高潮的好。婚姻之外的性愛野蠻又下流，只有不正經的女孩才會追求。學校鼓勵我們了解兩者之間的不同並檢點，長久以來，我都這麼做。

然而哀慟改變了我，兒子的愛改變了我，我對肯特的愛改變了我，這一切改變了我感受慾望的方式——不管是在創作還是性愛上——因為慾望本身會改變我們，讓我們得以一嶄新的人與不同可能性的自己。

哀慟讓我們變了樣，把我們的身體與心靈劈成兩半，這是與其共存而不被摧毀的唯一方法。你知道自己擁有或曾經擁有的東西，變成你即將失去或已經失去的東西。哀慟炮，如果一定要給個名稱；這並不像某些浪漫主義者要你相信會讓你越過這一關，而是刻意的逃避，談不上狂喜，比較接近絕望。

就像我們在哀慟中失去，陷入愛情也會失去自我的基本界線，所以我為了消失而走出去，是一種合理的慾望表達。愛情、失去、當然還有性愛，可以是你被擊潰的證明，也可以是你繼續活下去的證明。這就是為什麼希臘人把慾望想像成是已知世界的某種融化、分解，用以創造出新的世界。

慾望具毀滅性又令人振奮，讓我們知道從被迫出發的起點，距離不得不前往的目的地有多遠。當然它促成性愛發生，帶我們穿越任何經驗的界線，進入每次都不一樣的新領域。你會移動、改變、到來、提升，你也不一定會看清自己。藉由跟這麼多人一下子暴露這麼多，我把真正的親密拒於門外。我不去看自己或他人，只想迷失在肉體中，不讓腦子有任何想法。很瘋狂、很錯亂，卻不是長久之計。

在兒子的病情慢慢惡化，以及偶然遇上真愛、對方成為現任老公的那些年，我的心糊里糊塗又跌跌撞撞，只想要性愛與藝術。現在兩年過去了，我才看出自己那時和現在真正想要的是——毫無遮掩的心。

你是我的爸比嗎？

Are You My Papi?

馬修．羅德里格斯（Mathew Rodriguez）
創作於二〇一五年，原刊載於現代失落網站

有時，我會思考「女兒會嫁給父親」這句格言。它顯示出我們渴望找到一個信任的人，即使對方是床伴。我們想要感受到他的信任——我們希望這種信任既堅定又熟悉。

二〇一一年，我失去了死於愛滋病相關疾病的父親，也失去了童貞給一個不認識的男人。我搬到曼哈頓華盛頓高地（Washington Heights）的社區，那裡的男性會欣賞我凹凸有致的身材，我跌跌撞撞地找到身為現代愛滋病孤兒兼性開放年輕酷兒（queer）的立足之地。

我大學一畢業就失去父親，讓我的世界天翻地覆，必須快速投入到工作的世界、性愛的世界，以及家族前線。

性愛，特別是同志性愛，充滿了佛洛伊德式的家庭用語。動不動就說：「打我屁股，爹地！」然後問我是不是調皮了。人家會叫你「寶寶」。或者，如果對方是拉丁美洲人，我們可能會互稱「爸比」（Papi）。

第一個叫我爸比的人是我父親。一個年輕的拉丁美洲人被叫爸比就像被灌下了迷湯。

我跟父親之間的關係被距離所定義，物理上和情感上都是。他跟我母親在一九九九年離婚後，便從我們紐澤西的家搬到了克里夫蘭。當時我只有十歲，某個星期一下午，父親搬離家中，一家四口變成了三人行。我固定在星期日晚上跟他通電話，隨著我長大，次數漸漸降低，直到上大學後完全斷了聯繫。我必須接受他對我的愛是負面的，很多事我們只是沒說出口。

有時，我會思考「女兒會嫁給父親」這句格言。它顯示出我們渴望找到一個信任的人，即使對方是床伴。我們想要感受到他的信任——我們希望這種信任既堅定又熟悉，就像針織毛毯或起司通心麵。如果女兒會嫁給父親，我是否一直在找尋父親類型的約會對象？

我知道父親有一些興趣，他很愛跳舞和玩刮葫（guiro），那是一種木製打擊樂器，他會拿梳子刮它來跟上節拍，並與弟弟在樂團裡表演。除了身為父子應該知道的事情之外，我們對彼此一概不知。他從來沒跟我提過自己的HIV狀況；我的母親只說他病了，瀕臨死亡邊緣。父親吸了幾十年的海洛因，我還在媽媽肚子裡時，他就確診了。我從未真正向他坦承同志身分，即使早在十三歲時就出櫃。

不管跟哪個男人約會，我都想知道有關他們的一切。我想要一次全部知道——精神上的資料傾倒。要是出了什麼意外，要是他們跟我第一次約會完，回家途中被車撞了，我可以說：「我認識他。」

爸爸是個溫和、健忘的男人。他會很吃力地喚起記憶，像個孩子試圖抓住一隻抓不到的螢火蟲。他會在十月中問我那天晚上是不是需要人家帶我出去要糖果，或感恩節是十一月的哪一個星期日。

他可以一邊跳舞、一邊在三十分鐘內煮好四人份的餐點。他會拉著我母親轉圈圈，同時攪拌一鍋豆子。他會讓水以違反物理定律的速度滲入一粒米中。

我總是希望找到一名性伴侶或戀人能像父親那樣寵我。每天下課後，父親都會給我——一個愛吃甜食的胖小子——Oreos當點心；發成績單那天，他會讓我吃六、七、八個當獎賞。

我的父親跟任何父親一樣，希望教我學會騎沒有輔助輪的腳踏車，告訴我雙手要擺哪裡、眼睛要看哪裡，以及何時該剎車。那天我跌得鼻青臉腫，撞上自家對面的鐵絲網柵欄。我不記得他有什麼反應，但我知道在他的幫助之下，我還是繼續騎，然後又發生另一次意外，因為我決定從門前的階梯衝下去，爸爸一樣把我扶起來並幫我包紮。

我在一場LGBT會議中遇見了比我年長的墨西哥男子里卡多（化名）。他讓我喝了一杯又一杯的龍舌蘭酸酒，我們在我的飯店房間度過了甜蜜的夜晚。里卡多長得跟我爸爸並不像，但的確留著一樣的鬍子。他講西班牙語的樣子像我爸，年紀相仿，也一樣有HIV。在那特別的一晚，他對我溫柔備至。

里卡多人脈很廣。他從許多場運動與抗爭中與人結識，可以滔滔不絕地聊天。我父親也很長舌，喜愛跟人互動。某次，媽媽回憶起跟我父親駕車旅行穿越亞利桑那州，他竟然在沙漠中的休息站廁所遇到認識的人。

里卡多讓我在飯店床上躺下。他教我如何觸碰他、雙手要擺哪裡、眼睛要看哪裡；他要求我緊盯他的雙眼，然後繼續進行下去。

我從臉書照片看到里卡多參加別的會議。他遇見其他作家、其他男子、其他有爹沒爹的人。不知道他們是否觸碰了彼此，又教了彼此什麼。

我還要求其他感染了HIV的年長男性給我關愛。伊凡（化名）一次會消失好幾個月，我不知道他好不好，但對我來說沒差。小時候，我父親為了滿足毒癮偶爾會消失，但總是會回來。父親節時，我有時會打電話給史蒂夫（化名），他是一名部落客，也是個正在戒毒的癮君子。如果父親還在世，我會用同樣方式跟他討論人生。在大部分的時間，我跟他談話是希望他可以開導我。

即使父親在身旁，練習騎單車還是有可能導致大腿內側瘀青一片。現在——其他男人、其他瘀青、其他練習題，我渴望與他人建立連結，不管是兩小時還是甜蜜的幾個月，因為我渴望被教導、認識新事物、聽到新故事、讓世界觀稍微拓展。

爸爸不知道我成年後跟人約會的性生活很活躍，跌跌撞撞地度過二十出頭的歲月。或許這樣最好，不過我知道他會很欣賞我願意衝撞。

怎麼樣才算夠
What's Good Enough Now

拉妮亞．「照明彈」．曼西斯（LaNeah "Starshell" Menzies）創作於二〇一八年

一旦關係中的安全感消失，感覺就像心臟從胸口被挖了出來，疼痛延續了好幾個月。現在不一樣——老實說，我覺得被解放了，我有了新的超能力。任何在生命中跟我經歷過同樣失去的人都應該獲得超能力。

我坐在新的沙發上，胃裡有個因分手而造成的熟悉空洞，告訴我這段感情已經結束，男友的聲音還迴盪在我們剛翻新的公寓裡，音量漸漸增強，彷彿拚了命地要喚醒我的靈魂。他說話時，我發現只有一半的我在聽，另外一半的我想著要趕快完成這張專輯。爭吵會浪費時間，於是我脫口而出：「要分手就現在分一分啊！」從他臉上的表情，我知道他被壓垮了。

一個星期後，他搬了出去。他認為我不在乎他，他無法理解我怎麼沒有一副天塌下來的樣子，怎麼沒有在分手後那幾天瘋狂地打他的手機求他復合，說我活不下去。我知道自己活得下去。

三個月前，我們交往剛滿五年，一起從曼哈頓搬進了喬治華盛頓大橋對面的可愛小公寓。早在搬家卡車把兩套碗盤放在同一個屋簷下開走之前，我們的關係就已經觸礁，因為他老是擔心，覺得我不愛他，或至少無法表達這份愛。

好笑的是，我愛他勝過一切。很老套，我知道，但這種戀情就是當你直視一個人的眼睛時，你會看到未來、太陽、月亮和星星。

我們會在雪德公園散步很長一段路，在刻下兩人姓名縮寫的涼亭裡分享腦中所有想法。我們會開車去沙灘吃冰淇淋，因為我們都覺得沙灘上的冰淇淋總是比較好吃。他是唯一走進房間見到我淚汪汪表情，就知道我在看Lifetime頻道的人。

這段關係結束後，我的喉嚨像是哽住了，這才開始想念兩人的一切。但結束是因為我沒辦法把大部分的時間與精力花在他和「我們」，而非事業上。我努力了一輩子才達到現在的成就，好不容易能和音樂界的一些大咖合作。在那個當下，我的唱片合約比建立家庭還重要。

分手讓我大受打擊，而稍感安慰的是想到他依然會在——「在」的意思是活著並呼吸著，對我來說這樣就夠了。

我的姊姊離開後，就不再是一通電話就可以聯絡得到的。她在十四歲那一年結束自己的生命，永遠地離開人世。從我出生那一天到她死的那一晚，我們都形影不離。她的屍體被發現的那一刻起，我一直想不透她為什麼沒把睡在隔壁房間的我叫醒，跟我說她因為失去青澀的戀情有多孤寂，跟我說她打算離開我們。我沒有機會說服她留下來，她不會再跟我一起聊男生的八卦、笑弟弟的怪癖，或吵著分食一碗拉麵，再也不會了。

有了這種觀點，我會覺得如果某人離開，若姊姊還在世就沒那麼糟。但直到我在跟男友同居的家中，面對最後一場爭吵、親手葬送掉這段關係的那一刻，才了解自己在感情路上所經歷的情緒重組。

我對於失去所帶來的最深傷害已經免疫。我還是可以感受所有分手的情緒，卻再也不會達到過去那種失能和失心瘋的程度。我會想念經歷過的小事情，但因為我知道他活在世上，一封簡訊就可以聯絡到，所以我會好起來。

與此同時，我卻不知道姊姊好不好。一開始我以為這個現象跟這個男友特別有關，他是我在姊姊死後交往的第一任。不過下一任如出一轍，再下一任也是。我從來不依賴交往對象來獲得情緒穩定或快樂，朋友和情人說我「冷淡」，因為我不會在爭吵後哭泣，或求他們留在我的生命裡。我相信就算失去某人，還是可以過得下去；或許是以他人無法理解的方式。

如果進入一段關係就是要全心全意、毫無保留地愛，直到你覺得沒有對方活不下去的程度，要是你明知可以，還能全心去愛嗎？在姊姊死前，我經歷了第一次的分手，那時傷心欲絕。一旦關係中的安全感消失，感覺就像心臟從胸口被挖了出來，疼痛延續了好幾個月。現在不一樣——老實說，我覺得被解放了，我有了新的超能力。任何在生命中跟我經歷過同樣失去的人都應該獲得超能力，對吧？

不過重點來了，所有超級英雄都必須放棄某個珍貴的東西才能換來天賦。對我而言，那個珍貴的東西就是讓一段關係健康、快樂又持久的能力。我還搞不太懂該怎麼去平衡自己的力量，以及伴侶要我覺得沒有他不行的需求。我不知道自己的故事會有什麼結局，因為我可能永遠都不會知道。

禁忌乘以二
Taboo Times Two

愛麗絲・拉多什（Alice Radosh）
創作於二〇一八年

我把這種感覺稱為「喪性之痛」，也立刻了解到這種痛不容易跟親友分享。性方面的禁忌還是根深柢固、牢不可破。我們已經不該在正式場合談論死；再加上性，就是雙重禁忌。

說不出來的會哭出來。

——莎芙（SAPPHO）

「我們被騙了，」巴特說。我側身面向結縭近四十年的丈夫，他咧著嘴笑。「年紀**這麼**大了，不該感覺**這麼**棒。」

他說得沒錯，我們整個世代都被騙了。牽手、輕柔地擁抱，以及在臉頰上啄吻，才是年長愛侶可以被接受的行為。其他更親密的舉動不是不被承認，就是被卡通與脫口秀諧星拿來當作題材。說好聽點是搞笑，其實就是有點噁心。我和巴特從來不信那一套，我們已經年屆七旬，還是很享受性愛，那讓我們的關係更緊密。

巴特七十五歲左右被診斷出多發性骨髓瘤時，我們都震驚萬分。他一直很強壯、好動、活躍又健康，而現在他骨髓裡的細胞正在被癌症摧毀。不到幾個月，我們的卡茲奇（Catskill）高峰健行活動，被沿著附近溪流的安靜散步取代。再過幾個月，散步又被看醫生取代。診斷後十八個月，巴特離開了人世。

美國和歐洲各地的親友齊聚一堂哀悼。承受巨大哀慟的不是只有我，每晚家裡滿滿都是人，他們擁抱我、陪我哭、在我的冷凍櫃裡裝滿砂鍋菜，並擔心我需要陪伴，主動提議留下來過夜。慰問卡塞爆了我們鄉下郵局的狹小郵箱，超過一百則故事湧入巴特的紀念網站——來自巴特在大學任教時的同事、壁球和本地桌球社的球友、他擔任救護志工照顧過的陌生人、心碎的孫女。親人天天打電話來關心，我的成年子女力勸我過去跟他們住一段時間。

巴特的死凸顯我們在生活各方面都密不可分。這個人跟我分享擁有子女和孫兒的樂趣（和焦慮）。這個伴侶年復一年跟我划獨木舟深入加拿大荒野，並一起睡在地上，他會朗讀赫塞給我聽，在音樂會聽到大提琴演奏我們最愛的布拉姆斯五重奏前奏時，他會跟我相視而笑。這個男人與我走上街頭終結越戰，他是對我的廚藝讚不絕口的副主廚，也是我熱愛討論書籍、電影與新聞的對象。

直到頭幾個月悲痛欲絕的哀慟消退後，我才驚覺自己也永遠失去了跟巴特共享的親密關係。我還沒有心理準備面對這個衝擊和深刻的失去。比起我們**一起做的事**，像是聽音樂會和划獨木舟，它更加不可或缺，是我們**在一起的本質**。

我把這種感覺稱為「喪性之痛」，也立刻了解到這種痛不容易跟親友分享。雖然最近市面出版大量「發現」年長者享受性愛的暢銷書、當紅部落格和脫口秀，但我很快地意識到性方面的禁忌還是根深柢固、牢不可破。我們已經不該在正式場合談論死；再加上性，就是雙重禁忌。

當我試著跟朋友談這件事時，感覺好像侵犯了他人的隱私。對方會很尷尬地說出十年來在婚姻中沒有親密關係，以及各種版本的「誰還管有沒有性生活啊？」然後很快地接下一句：「要再來一杯咖啡嗎？」一個很好的治療師朋友說我提起這個話題很「勇敢」。

不過，針對喪性之痛的解藥，好心的朋友們最常給的建議是去銀髮族交友網站開一個帳號。但是我並不想要新的伴侶，我要的是幾十年的共同幽默感與枕邊細語，它們是享受魚水之歡的關鍵；我要的是欣賞彼此一起變老的軀體；我要的是在長久以來的性關係中培養出來的相互理解。我要的是巴特。

我開始搜尋以確認這種感覺並非不妥當，找到的卻是沉默的文化。我讀了瓊・蒂蒂安（Joan Didion）與喬伊斯・卡羅爾・歐茨（Joyce Carol Oates）哀悼心愛丈夫的經典回憶錄。她們的堅定無畏備受讚賞，不過在這兩本加起來將近七百頁的著作裡，卻沒有提到我經歷的那種喪性之痛。我接收到了不言而喻的訊息——對性事最好保持緘默。

我改看專為寡婦寫的自助類書籍，發現幾乎不存在懷念性事的討論。這些書勸我不要將懷念觸碰（可接受）與懷念性事（被誤導）混為一談。人家告訴我，懷念觸碰與性無關，而且可以由按摩、抱孫，甚至上沙龍洗頭髮取代。顯然他們不知道巴特在床上的樣子，這種需求不是美髮師可以處理的！

我拿出研究型心理學家的看家本領，一頭栽進這個雙重禁忌的研究計畫⓫。我跟一位同事設計出一份調查，並且寄給一百五十名年長女性，問她們多常發生性行為、是否樂在其中，以及若另一半先過世，是否會想念彼此之間的性愛。這份調查觸動了敏感神經，我們得到了空前的百分之六十八高回覆率，接著著手分析數據與回顧學術文獻。如我所料，這個研究把之前的崩潰痛哭都抵銷得一乾二淨。此外，它讓我知道自己並非異類。大部分的受訪女性表示若伴侶死亡，她們絕對會想念性愛，而且多數人說即使會尷尬，還是希望可以跟朋友談論這個議題。

此研究發表於一本同儕審查的期刊，我的日子則繼續過下去。我帶著狗去划單人獨木舟；我的朋友會過來吃晚餐，並對我的廚藝讚不絕口；失去巴特讓我的人生永遠少了一塊，但生命依然可以圓滿快樂。

至於喪性之痛呢？好朋友最棒的就是他們堅信你「條件很優」，能夠擁有你的男人很幸運。當我大笑著問：「你們認識超過六十八歲的左派單身好男人嗎？」他們的表情一片空白。我再次跟他們保證自己並不寂寞，但不排斥認識新對象。我甚至想好了有一天在徵友廣告上要寫什麼：「我的人生摯愛與獨木舟／健行夥伴在四年前過世。誠徵後者。」

⓫愛麗絲．拉多什與琳達．席姆金（Linda Simkin），〈認知喪性之痛：走出被剝奪的哀慟〉（Acknowledging Sexual Bereavement: A Path Out of Disenfranchised Grief），《生殖健康要略》（*Reproductive Health Matters*）二十四，第四十八期（二〇一六年十一月），頁二五～三三。

承諾
The Promise

瑪蒂・J・裴金（Mattie J. Bekink）
創作於二〇一八年

失去的痛苦巨大到讓我們現在變得無所畏懼，也更加堅強、勇敢、充滿愛，在各方面都是。那一刻為我們加持了外人看不見的勇氣。共同的情感比不同的哀慟更強大。

女兒出生後四天，我跟丈夫維克多步入阿姆斯特丹外慘白的醫院走廊，聆聽醫生宣判她的命運。她會活下來還是死去？她的腦部是否受損？時而懼怕，時而樂觀讓我心力交瘁，只能試著忍住淚水。睡眠不足又憂心忡忡，我不只精神耗弱，身體也因動完緊急剖腹手術而孱弱不堪。前一晚在新生兒加護病房，我把手放在她剛出生的寶貴軀體上直到天亮。

維克多牽著我的手，在走廊停下腳步。他說：「我們正在穿越地獄，我只願意跟你一起走。」我點點頭，兩人繼續邁開步伐。

我們的女兒伊露易莎當晚在我們的懷裡離世。

維克多在女兒存活的短短幾天裡表現得很冷靜。從一陣驚慌的緊急手術到伊露易莎軟綿綿的身體從我的肚子裡被拉出來，醫生們還問他有沒有接受過醫療訓練，他全程鎮定自若。維克多把注意力放在資訊上——事實、細節、可能性——並跟親友分享；我則把時間都花在抱持希望。維克多每晚都會回家陪伴我們的兩歲兒子，我一個人在醫院時會打電話給他，啜泣到喘不過氣，他總有辦法安撫我，要我好好休息。

很久之後，維克多透露自己在那個慘白的走廊，早就知道我們會聽到壞消息。他先前跟檢視我們女兒病歷的其中一位醫生擦身而過，那位醫生別開了眼。維克多讓我保持希望直到最後一刻，他必須堅強起來，因為我無法。後來我才了解在新生兒加護病房的那段期間，他花了多少力氣提起精神。

離開醫院時，雨水與淚水模糊成一片，一切都變得朦朧。我盯著雨滴滑落車窗，高速公路上的車燈晦暗不明，心煩意亂的我不確定日子該怎麼過下去。我轉頭對維克多說：「我們的女兒剛剛死在我的懷裡。現在怎麼辦？」我在問這個問題的當下，其實就知道回答要花很長一段時間，而且會有很複雜的組合——兩個人、加上兒子、還有各自。我不知道該怎麼面對。

很快地，我跟維克多顯現出不一樣的哀慟方式。我們的精神與情緒起起伏伏，極少同步，有時我懷疑我們是否正在經歷同一種痛。接下來幾個月，我們經常穿越互相隔絕的地獄，兩名慈愛的父母分開哀悼早逝的嬰孩，承受喪女之痛並拚命懷念那永遠不可能實現的未來。

回家的第一晚——以及接二連三的幾天——我們把親友聚集在點了蠟燭的長桌吃飯，開了幾箱從米蘭搬來阿姆斯特丹新家的上等紅酒，本來想留到特別的日子再喝（伊露易莎過世的那個星期就全喝光了）。維克多向所有人說他以「美麗又堅強的妻子」為傲。那些字眼很刺耳，因為我還處於驚慌失措之中，心想是不是自己的錯，陷入哀慟的神奇思維，仍試圖理出一個不一樣的結局。接著他直視所有人的眼睛，保證不會讓這件事毀了我們的婚姻。他看著我說這件事不會毀了我們，我看著他做出相同保證。他表示：「我希望你們所有人能幫助我們堅持下去。」在場的親友含著淚水嚴肅地同意。

我當時沒想到這項要求有如此先見之明。那一晚在家人和摯友面前對彼此許下的承諾，變得比結婚誓詞還重要。我們下定決心別因哀慟而失去對方，要做到這一點，就必須學習尊重不同的過程，給彼此空間度過各自的暴風雨。

我需要動個不停。有一次，朋友告訴我不需要把碗盤放入洗碗機，因為別人可以幫我做這些瑣事。我解釋其實我需要，在那個當下，這麼做有奇妙的重要性，讓我保持鎮定。夜晚難熬，一眠難求，動個不停才能繼續過日子。維克多則是相反，他會慢下來，靜靜待著，睡覺。我無法理解。

隨著時間過去，我會看伊露易莎的照片，維克多不會。我裱框了一張擺在我們的臥房，他並不想要被勾起人生最痛苦的回憶，但再怎麼難受，還是讓我擺著了。我會寫有關女兒和喪女之痛的文章來整理破碎的心，他不太會去讀。當別人問起我們有幾個孩子，我們常常給出不同的答案。對我而言，為陌生人帶來一時的不自在根本比不上刻意不提起她的痛苦。維克多則不覺得不跟陌生人提起她是不忠的表現，他不想隨便讓人知道內情，只跟值得的人分享伊露易莎的事。

驚人的是，我們的兒子圖爾注意到了這些不同的哀慟方式，會視情況給予回應。他有著幼兒的感性直覺，經常在我哭之前就發現我要哭，他會把小手放在我的臉頰上，直視我的雙眼，輕聲說：「寶貝」或「媽媽別哭」。我試著為他顯露情緒，不把感受藏起來。維克多的哀慟沒那麼明顯，他在內心、私底下哭泣；我則在客廳、早餐的餐桌上、騎腳踏車載圖爾去幼兒園時。圖爾都看在眼裡，一開始他比較常跟我而不是爸爸談起妹妹。

在最黑暗的時刻，我感覺到了那個承諾沉甸甸的分量。我把伊露易莎的死怪在自己頭上，充滿挫敗感。我的身體承擔的任務只不過是安全地把她帶到世上，卻失敗了。我危險又憂鬱地認為自己毫無價值、滿是失敗，而且不斷加劇。為了餵養與滿足那些吞噬我的心魔，我幾乎要讓婚姻以失敗收場，然而我們的諾言不允許我這麼做。我可以讓自己失望，但不可以讓維克多與見證這個諾言的親友失望。於是我鼓起僅剩的勇氣，透過諮商、社群、例行公事、閱讀和寫作來克服痛苦，一次又一次地殲滅心魔。我們夫妻倆保持距離，在需要時擁抱彼此，即使當下無法理解另一半的心境。

伊露易莎在感恩節死去，彷彿要提醒我們還有很多事值得感恩。雖然如此，一遇到婚禮、洗禮、生日——任何慶祝人生里程碑的場合——我還是會心痛。我可以笑著參加，哭著回家。我可以在舞池中央看似無憂無慮，內心卻因永遠看不到女兒經歷這一切，而惆悵不已。在一場婚禮中，愛起鬨的樂團逼我們對彼此講悄悄話，我靠在維克多的肩膀哭泣，告訴他我在這些場合的假面具。他當然可以理解，但他說我們很強韌，並指出我的盲點，失去伊露易莎的痛苦巨大到讓我們現在變得無所畏懼，也更加堅強、勇敢、充滿愛，在各方面都是。她的死可以拆散我們，也可以讓彼此更緊密。

那一刻為我們的婚姻加持了外人看不見的勇氣——我們可以一起堅強起來，過著更好、更無畏的生活。共同的情感比不同的哀慟更強大。我們知道父母純粹的愛所帶來的痛苦。先前，我們發誓不讓女兒的死摧毀婚姻。現在，我們選擇有意義地一起走下去。

遇見失落，你可以這樣做

猜猜誰（不）來晚餐？

Guess Who's (Not) Coming to Dinner ?: Surviving small talk after a loss

蕾貝卡・沙洛夫（Rebecca Shaloff）

與現代失落創作於二〇一五年，原刊載於現代失落網站

原標題為〈猜猜誰（不）來晚餐？〉

① 能避就避

接到聚會邀請電話陷入糾結，是接受？還是拒絕？

最後決定：「呃，不，抱歉……那天晚上我有事。」

②**轉移話題**

跟許久未見的朋友聚餐。

朋友：「你爸媽還住在那裡嗎？」

你：「這湯好好喝喔！」

③**模稜兩可**

面對不想回答的問題時，使出聰明的印度式搖頭法，好像在說「是」又好像在說「不是」。

④**反問回去**

當朋友問起你過世父母的住處。

朋友：「噢，他們住在哪裡？」

你：「那你住在哪裡？」

⑤**自備話題**

與其讓別人開口談到你不想談的話題，不如由你掌握話題吧！例如：房地產、你的群眾募資案、天氣、交通、新型有機墨西哥捲餅店、流浪貓、很爛的運動隊伍、即將到來的天啟。

⑥躲在小朋友當中

聚會一定有小孩，不妨暫時充當保母，藉此躲避談話。

⑦藉助模糊的時態

隱藏時間點也是個好方法。

朋友：「你老婆還在那裡工作嗎？」

你：「她一直都想搞新創，但從來沒有離開過公司。」

嚴格來說是事實，時間點也很中性。

⑧讓對方閉嘴

怕被朋友越來越熱切的話題觸發，不如直接坦白。

朋友：「我哥哥在明尼蘇達州冰釣。」
你：「我哥哥死了。」
警告：在某些情況下，可能會開啟另一場關心的對話。但是說真的，這有這麼糟嗎？

⑨ 一聲不響地離開

在多人聚會中，害怕有人提及自己深埋在心裡的人，在被cue到前，不如先閃人。

身分：以前的我，現在的我

Identity: What Sets Us Off Might Surprise You

Introduction 序言

嘉貝麗．柏克納（Gabrielle Birkner）

媽媽和繼父在某個星期三的晚上六點半左右，突然現身我的辦公室，帶來我媽口中「你這輩子會聽到的最壞消息」。

「爸！」我說，在腦中進行刪去法。

我當時二十四歲，未婚。我是獨生女，尚未有自己的孩子。我媽就站在我的面前，「最壞消息」還會跟誰有關？我在她的臉上找答案，以為她會告訴我一場心臟病發或離奇事故。爸爸會坐包機往返他跟繼母居住的亞利桑那州塞多納，與擁有較大機場的鳳凰城，我總是擔心那些小飛機不安全。

「他們被殺了。」

他們，被殺了？

身分：以前的我，現在的我
——序言

我記得自己坐在日光燈下的樓梯井，它連接著大廳和我工作的康乃狄克州史丹福新聞（Stamford）編輯室，來回詢問我媽媽還不知道的解答。到底誰會做出這種事？又為了什麼？我爸爸和露絲剛搬去塞多納沒多久，很迅速地在那裡的公民與文化生活圈建立起地位。露絲是出色的演說家，主持塞多納國際演講會（Toastmasters Club）。兩人都加入了當地的社區委員會，在猶太社群很活躍。我五個月前去跟他們過猶太新年時，他們還帶我去看新會堂的工程進度。

那個猶太新年，我站在爸爸和繼母中間，朗誦了節日都會讀的禮儀詩：「在猶太新年刻下，在贖罪日封上：多少人會去世，多少人會出生；誰會活，誰會死；誰終其天年，誰英年早逝；因為火，因為水；因為劍，因為獸；因為飢，因為渴；因為暴風，因為瘟疫；因為窒息，因為石刑……」

凶手是誰？

怎麼殺的？

為了什麼？

我回到媽媽和繼父的房子，在那裡住了一晚，我記得自己接了無數通電話，來自親友、宗教領袖，以及報導塞多納這則多年來最大新聞的記者。《塞多納紅石新聞報》（*Sedona Red Rock News*）二〇〇四年二月二十日出刊的頭條標題為〈塞多納雙屍命案〉，包含一篇貼心的社論，稱呼爸爸和露絲是「對社區具有決定性影響力的人物」[12]。同一版還有其他比較典型的塞多納新聞：保護地方樹木不受小蠹蟲危害的行動；拓寬地方道路的提議；響應全美寵物牙齒健康月的專欄文章〈照顧寵物牙齒至關重要〉。

凶殺案發生前不過兩個星期，《紅石新聞報》將一封我父親寫的信交給編輯，內容有關近期一場專家研討會。「我要向亞利桑那州交通部致敬，」那封信最後寫道：「他們態度開放又認真傾聽每個人的意見。一條能讓我們所有人引以為傲並讓塞多納保持美觀的道路正在實現中。」[13]

媽媽與繼父到辦公室告知我消息的隔天早晨，我記得醒來時，在張開眼睛前有那麼一瞬間心想：「呼，還好一切只是個惡夢。」後來才發現自己穿著前一天的衣服，睡在青少年時期的臥室，猶如晴天霹靂。

我這輩子活到二十四歲又十個月，還沒有準備好面對這種事。

我在相對安全的市郊社區裡嬌生慣養地長大，畢業於西北大學。父母是離了婚沒錯，但他們各自快樂地再婚超過了十年。我的物質生活從不匱乏，也沒有直系親屬過世或重病。與許多同儕一樣，我住在一間破爛的公寓，工作時勞心勞力，跟交友網站上的渣男出去（在交友軟體出現之前），然後和朋友喝酒笑談這些經驗。接著毫無預警地，我被迫當個大人去面對驗屍官、太平間、警察、檢察官、認罪協議、遺囑檢驗，以及完全沒有參考點的痛苦。我的同儕也沒有，他們的父母大多還健在，更別說是認識任何被殺害的人。朋友的生活繼續快速推進，我的卻變得面目全非。他們一直是原本的自己，我討厭的新身分則是「那個家人被殺的女孩」。

「大家可能以為凶殺案被害人家屬備受同情與支持，社群給予擁抱，」記者艾瑞克・西洛瑟（Eric Schlosser）在《大西洋》（*Atlantic*）雜誌一九九七年的〈無可比擬的哀慟〉中這麼寫道。「但實際上，他們更可能感到孤立、懼怕和羞恥，被哀慟與罪惡感淹沒，對犯罪司法體系憤怒，也被老朋友閃躲。美國對凶殺案的著迷還

⓬ 華爾許・約翰（Walsh, John），〈塞多納雙屍命案〉，《塞多納紅石新聞報》，二〇〇四年二月二十日。
⓭ 勞倫斯・R・柏克納（Lawrence R. Burkner），〈從不同角度看專家會議〉，《塞多納紅石新聞報》，二〇〇四年一月二十八日。

沒有延伸到餘波。」[14]

這些都是我的感受，雖然我十分感謝大部分的朋友表達了願意陪伴的真誠心意。我的同事強恩不知道該做什麼，也不想什麼都不做，於是帶著貝果來到我的門前。我的健身夥伴米蘭妮幫我把所有謝卡寫上地址並貼上郵票。我在巴黎的那個學期最好的朋友琳賽帶來一大堆名人周刊，並應我的要求在玩裡面無聊的填字遊戲時，幫忙計時：「《新婚夫妻》的＿＿＿・萊奇」、「比爾・墨瑞主演的《＿＿＿，不用翻譯》」、「芭莉絲・希爾頓的閨密」、「妮可・＿＿＿」。辛蒂邀請我參加她的夏威夷家庭旅遊。安娜貝爾英勇地跟我在塞多納見面，協助我整理爸爸和繼母的房子以便出售。大部分的朋友都很挺我，對我來說意義重大；我能夠理解（也很慶幸）他們無法感同身受。

事發後兩個星期——辦完雙人葬禮、聯合坐七並看了好幾年份的日間電視節目發呆之後，我回到了工作崗位。我的其中一位編輯要我採訪非營利組織「安全地平線」（Safe Horizon），他們的「凶殺案被害人家屬」計畫提供兩週一次的喪親互助會。我在那裡找到了同病相憐的夥伴，其中包含好幾位兼具智慧與同理心的女性（還有一名男性）。我跟他們在表面上幾乎沒有共同點：不同宗教、種族、世代，連跟逝者的關係也不一樣。不過他們理解我——含蓄來說是如此，但也是因為他們能夠傾聽朋友無法傾聽的事。像是檢察官口中「特別殘酷、墮落又令人髮指」的犯罪細節，這些細節也被媒體報導了出來。

我們在每個隔週的星期四聚會，一開始在曼哈頓上西區的社區室，後來改到哈林區一間教堂的地下室，就這麼延續多年。我們吃著外賣食物，分享自己的故事，以及在凶殺案中失去親人的獨特情緒與後勤副產品。小組的輔導員泰瑞莎是異常冷靜的中年女子，留著一頭灰色髒辮，擁有悅耳的低沉嗓音，總是專注地見證我們的痛苦，以致於過了好幾個月我才發現她多年前失去親弟弟肯尼斯，他是被人開槍打死的。

二〇〇五年，我和互助會的幾位成員前往密蘇里州堪薩斯市，參加「全國遇害兒童父母組織」的年會，其他還有約三百名因暴力失去親友的與會者——這個組織由父母成立，但不限父母——，我們一起聆聽心理專家和執法官員的專題演講，並

⓮艾瑞克．西洛瑟，〈無可比擬的哀慟〉，《大西洋》（*The Atlantic*），一九九七年九月。

參與「我的親人受了多少苦？」和「法醫大哉問」等工作坊。大家來自全美各地：芝加哥、小岩城、聖貝納迪諾與布朗克斯。很多人身上的T恤和鈕扣都有遇害子女、父母、手足或朋友的笑臉，他們也戴上紅色的橡膠手環，寫著「我愛的人被殺害」；我戴了兩條。會議最後一晚的投影片放出逝者的照片、姓名和生卒日。在場的人都拿到了電子蠟燭，並在親人照片出現在螢幕上時點亮。受害者人數之多，投影片放了超過一個小時。

那些每兩個月在曼哈頓上城進行的晚餐聚會，以及每年在美國不同城市舉辦的會議，為我的生活帶來了節奏，頭幾年甚至可能拉了我一把。不用急著走出來；不用怕講話掃興；不用壓下急遽增長的絞架幽默，搞得一堆人不自在；不用硬將我的本質和遭遇分開。這些旅途上的夥伴了解有一種痛會深刻到嵌入你的心靈、人格，甚至ＤＮＡ。

然而哀慟不是他們唯一的身分——他們還是銀行家、社工、演員、特助、母親、祖母和阿姨——並讓我知道它也不必是我唯一的身分。我們為彼此提供了一個安全的地方談論難以啟齒的話題，也談論其他事情與人際關係。有了他們的陪伴，我才發現有些折磨我的煩惱在凶殺案前早已存在，我的某些人格特質被創傷強化，

身分：以前的我，現在的我

——**序言**

而非因它產生。我或許是「那個家人被殺的女孩」，但不管是好是壞，我在以前、現在及未來都永遠不會受限於此。

小小四個字的重大意義

Four Little Words, One Big Meaning

麥可・弗拉米尼（Michael Flamini）創作於二〇一四年，原標題為〈一個字形容我的哀慟〉，原刊載於現代失落網站

我是同志，我們稱呼對方為伴侶。我第一次說出「我是鰥夫」時，自己一個人在公寓裡。那股巨大的沉默幾乎要把我壓垮。當那句話讓我打破自我封閉時，我知道找到了一個可以帶自己往前走的字眼。

「我是鰥夫。」

我從沒想過自己會說出這四個字，尤其在我這個年紀——我們其中一人並沒有遇到空難或恐怖攻擊。

而我還是失去了死於肝病的伴侶蓋瑞・魯希爾。他當過舞者，俊俏又幽默感十足，他擁抱世界的方式會令多數人自慚形穢，但他沒能擁抱世界太久。我茫然、困惑又孤單地走出紐約長老會醫院康乃爾醫學中心的那一天，他五十二歲，我五十三歲。

在他死前不到二十四個小時，原本有肝臟移植成功的機會。三天多前，我將他緊急送醫；一年多前，他的病症開始出現；以及約四分之一個世紀前，我們決定攜手共度人生。雖然早已年過半百，我還是覺得這種事不該這麼早發生在我身上。

當然還有另一個問題，我跟蓋瑞沒有結婚，即使在一起已經二十四年半。固然沒有法律文件的約束，不過我們結合的真心不比別人少。我們有雙方家人情感上的支持，以及一大群朋友；很多了解情況的同事都很挺我。蓋瑞能夠在紐約一流的醫院接受治療；而我難能可貴地得以思考自己在世界上的定位，不必煩惱那些讓某些配偶困擾的家族官司或照護品質。此外，公司的健保也讓我後續的生活不至於被財務狀況壓垮。換句話說，我們很幸運。

他走後那幾天，我開始自問：「我現在算什麼？」我不再是個「伴侶」，我一再找尋字眼來定義自己。最後，我選擇了最明顯，但對我來說問題也最大的詞：鰥夫。做出決定後，我開始著手了解它的意義。

同時試著鼓起勇氣說出這個詞。

當然了，「鰥夫」暗示著「婚姻」、「丈夫」、「亡妻」，還有——至少在過去——「異性戀」。我們沒有結婚，我是同志，我們稱呼對方為伴侶。我第一次說出「我是鰥夫」時，自己一個人在公寓裡。那股巨大的沉默幾乎要把我壓垮。

當那句話讓我打破自我封閉時，我知道找到了一個可以帶自己往前走的字眼——但它一定會令人感到詫異。

「他剛才是說『鰥夫』嗎？」我想像別人在雞尾酒派對這麼想。「我不知道他們有結婚……」他們搞不好私底下在解開珍珠項鍊或領帶時會這麼說。煽動仇恨者可能會有更糟的反應，雖然我根本不認識他們，但知道他們的存在。這個問題一直縈繞在心頭：我該怎麼自稱是蓋瑞的鰥夫，同時不偏離事實？

對我而言，要能夠說出「鰥夫」必須先探究「婚姻」的意思。我們都被教導婚姻指的是兩個人在政府或宗教當局面前許下誓約、交換戒指、簽署文件，然後從此過著幸福快樂的日子。

此外，史蒂芬．桑岱姆（Stephen Sondheim）在同名歌曲中將婚姻定義為「兩個人一起做的小事」（The Little Things You Do Together）。這麼多年來我們當然累積了不少——感恩節、耶誕節、復活節、國外旅遊，以及緬因州奧甘奎特海灘

（Ogunquit Beach）那幾個星期。不，我們擁有的不只如此，將近四分之一世紀的時間，我們一起邊吃披薩邊看電視；跟朋友共進晚餐；爭辯衣服怎麼洗比較好；在大庭廣眾之下大吵一架；同情彼此日常工作上遇到鳥事、慶祝對方的成就。從這個角度來看，我們的確擁有婚姻，透過在公開場合與私底下數不清的小舉動，我們成為人生伴侶。

不過，在多數字典列出的前一、兩個「婚姻」定義之後，還有更深層的意義。「結婚」的定義比較私人，重點放在兩個人之間的親密度與承諾，而非儀式和法律程序：「依照傳統婚姻儀式正式地交換承諾以成為親密的人生伴侶。」我和蓋瑞做到這一點了嗎？

多年來，我們每晚睡前都會跟對方說「我愛你」，這不算每天都重新交換共同的承諾嗎？我覺得算。這足以宣稱我們已婚嗎？我們有沒有更深刻、更正式的承諾呢？回顧過往，的確有，雖然沒有牧師或太平紳士在場。

在我們相遇的年代，兩名男子要正式結婚根本無法想像。我們交往的這段時間，聽到異性戀和同性戀情侶皆大聲疾呼：「不結婚也要同居！」但是現在既然結婚已經可行，我開始思考擁有丈夫會是多美好的事，能夠有一個歸宿，而且不會跟

「商業夥伴」的稱呼搞混，是「丈夫」，不是「夥伴」。光是想到這些字就有感受上的差異，讓我覺得自己更堅強、更有安全感，以及——很老套地——是個戀愛中的男人。

我們二〇一一年大部分的時間都住在紐約州，當紐約州的同性婚姻法案終於通過時，我們人在週末住處麻州，那裡同婚已經合法。那天天氣很好，我們在院子裡除草。蓋瑞在經過初步診斷與治療後看似病情逐漸好轉。自從聽到了同婚合法，我一直覺得他釋放出強烈的訊息：要不要結婚？於是，在黃楊木和我的園藝剪之中，我跪下來說：「蓋瑞，跟我結婚好嗎？」他大吃一驚。老實說，我也是。他用一貫的語調說：「這個嘛，我沒看到戒指……」然後出乎我意料地說：「不……除非你先給我戒指。」我大受打擊。我從來沒有跟人求過婚，沒想到會被拒絕。

那一天過後沒多久，蓋瑞的健康狀況急轉直下。這件事便被拋諸腦後，緊接著數度住院、每週粗略計算他在肝臟移植名單上的順位、每日監測體重、醫務人員家訪、大老遠跑去專業藥房，以及最令人心痛的，眼睜睜看著這輩子最愛的人日漸消瘦凋零。

我的求婚就這樣被埋在院子底下，直到蓋瑞死前約一個小時。當時他在加護病房，肝臟逐漸衰竭，而我渾然不知。他不時陷入昏迷；在某個神智清明的時刻，突然抓住我的手，把我拉近，雙眼睜大，直直盯著我說：「我願意！」情緒激動莫名。

我一時說不出話；可是一路走來，我總是鼓勵他進行移植，便說：「噢，你別……這件事等你有了肝臟之後馬上辦。」他發出一點笑聲。如果上帝或上帝這個概念與愛有關，我認為他或她在那個當下，見證了我們的誓言；如果真愛存在，那一刻已顯現了出來。我們終於有了正式儀式，我緊緊地握住他的雙手。一個小時後，他開始大出血，失去了所有意識。

幾個月後，我告訴一個朋友，我希望當時自己應答：「我也願意！」然後他會說：「那天在院子裡，你已經說了。」

我現在了解，從很多方面來看，我們的確結婚了。因此，我可以很有自信地說「我是鰥夫」，給自己一點寬慰。要說出這句話並不是件好事，它讓別人退避三舍——甚至更糟地——在你最不需要照顧的時候，想要照顧你。那句話的訊息是「我失去了配偶，但是我還活著。我靠著自己站起來，今後也會盡己所能活下去。」它代表你自由地把生命中很重要的一塊給了某個逝去的人，現在形單影隻。如今值得慶幸地，「鰥夫」一詞也跟性別偏好較無關聯性。就像溫蒂・瓦瑟斯坦（Wendy Wasserstein）曾寫道：「愛就是愛。性別只是零件。」

那麼你如何說「我是鰥夫」？這跟年紀無關。不管老還是少，直截了當說出來，跟說「盔甲」一樣，要知道再也沒有什麼事比配偶死去更能夠傷害你。你說出這句話的同時，很清楚你跟逝去配偶之間的結合，與任何夫妻一樣深刻、豐富和真實。你抱著懷念的心情而說，最重要的是，抱著你對逝去配偶的愛與驕傲而說——那個獨一無二、難以忘記的人，教會你如何真心去愛以及被愛。

「我是鰥夫。」

我有個死老爸
Dad-die Issues

亞瑟爾．李斯特（Yassir Lester）
創作於二〇一八年

我發現我們想像自己的樣貌顯然多半來自父母。你在父母的規範下活得夠久，以致把他們的一部分內化。隨著年紀漸增，我們慢慢地變得跟父母一樣。現在我認為：「這就是我。」

二〇一四年中，我記不得日期的某一天，手機響起。

「嗨，亞瑟爾。是媽。」

「媽，你好嗎？」

「我很好，但有一件事要告訴你。」

「好……」

「你爸死了。」

「哈哈，合理。」

「他九年前死了。」

「什麼？」

我倒帶一下。

我是單親媽媽家庭的產物，與哥哥、姊姊各有不同的父親。我告訴你，在喬治亞州的小鎮，這一點讓回答相關問題變得很好玩。我不曾認識父親，也從未關心過他的事。我看過兩張他的照片，一張留著鬍子、繃著臉；另一張留著鬍子、繃著臉、倚著一部紅色敞篷車。第一張照片讓我熱淚盈眶，我不知道為什麼，這可能是父親缺席而產生陰影的人該有的反應吧！當下感覺對了，不過背後沒有動機。或許我是在騙自己，又或許那是我第一次允許自己對父親產生情緒。

那兩張照片可說是我對於這個男人最主要的資訊來源了，其他的則來自他跟我媽媽說的事，但那傢伙並不怎麼誠實。他宣稱在電腦界工作；我知道他是巴勒斯坦人，而讓我這麼相信的唯一原因是，一般人可不會幫寶寶取「亞瑟爾」這種奇怪的名字。他還宣稱自己的家人在沙烏地阿拉伯，我不知道是不是真的，不過我媽媽很擔心。我讀小學時，有好幾年媽媽會編造密碼給我們幾個孩子，以防她無法親自來接我們，而必須拜託其他人之時，可以作為身分核對。媽媽非常擔心我們被各自的父親綁架，很好笑，因為他們基本上要的正好相反。

就這樣，這就是我對爸爸所知的一切，三個陳腐、平凡的事實描述完這個賦予我一半生命的人。如果你去約會，對方決定跟你分享這些資訊，你會馬上起身離開，再也不跟他們說話，因為他們無聊透頂。

所以我沒有把重心放在一個從沒見過的缺席老爸上，更別說產生複雜情感了，但這不代表我沒有充分利用這個理由為自己的缺點開脫。當我沒被選上四年級籃球隊時，我哭著跟媽媽說，要是我有爸爸，早就是更優秀的球員了。她很快地讓我知道自己只是沒有運球技巧，應該多加練習，不管有沒有爸爸都一樣。我透過看著別人做而學會換輪胎；我不知道怎麼打溫莎結領帶，所以找了YouTube影片來看；光靠YouTube就可以把沒有父親的美國兒童養大，這件事情可能已經發生了。

我媽媽偶爾會上谷歌搜尋我們的爸爸們，看看他們現在在哪裡。那一次她原本在找我姊姊的爸爸，後來隨興地決定跳去查查我爸爸最近在做什麼。結果他什麼也沒在做。因為，你知道的——他死了。

從此一切變得令人困惑。死亡總是會引起好多感受、想法與對話。有計畫要制定、有遺產要鞏固，這些我都沒有。當你發現某個自己不認識卻有血緣關係的人死了將近十年，你以為自己會有那麼一刻感到悲傷或陷入沉思。不，一丁點都沒有。

雖然從未見過父親，但我在成長過程中經歷了該有的悼念與哀慟，不管我有沒有意識到這一點。知道他過世後，我鬆了一口氣。老實說，我一直很怕他會純粹出於義務而跑來找我，讓我不得不去跟他吃午餐。我**痛恨**沒事跟人約吃午餐。再說，我們要聊什麼？

「嘿，亞瑟爾，很高興見到你。」

「我也是，大概吧，爸？我該這樣叫你嗎？」

「我不知道，亞瑟爾。你出生後六個星期我就離開了。話說回來，你看過《絕命毒師》（*Breaking Bad*）嗎？」

接下來幾週我越思考，越發現自己對於不盡責的死老爸真的死了，真心感到興高采烈。我在成長過程中有很多問題找不到答案，現在無所謂了。我唯一真正需要的答案（「這傢伙在哪？」）已經出現了。

二〇一四年，我再次發現自己沒了爸爸時，露出了微笑。我不用再去想這個模糊的爸爸不知人在何處，以及我哪個部分和特質像他，因為都不重要了，我跟得知他過世前的我依然是同一個人。他在我不知道的情況下死了九年，而二十九年前他正在衝浪或什麼的，假裝自己在這世界上沒有小孩。

我發現我們想像自己的樣貌顯然多半來自父母。你在父母的規範下活得夠久，以致把他們的一部分內化。隨著年紀漸增，我們慢慢地變得跟父母一樣，有時政治觀點和宗教信仰也跟他們一致。有相同的笑點，讀相同的書。我和媽媽喜歡相同的音樂；我們分享笑容，有很多共通點，也有很多天差地遠的人格特質、思維和夢想。以前我會好奇這部分是不是像爸爸，現在我認為：「這就是我。」

哥哥逝去後的符碼轉換

The Dead-Brother Code Switch

瑞秋．史卡勒（Rachel Sklar）
創作於二〇一八年

年輕人死亡不是自然的事。它是悲劇，是不對的，它顛覆了你所有已知、依賴、視為理所當然的一切。這世界並不安全，你的家人不會永遠都在，人會死去。

哈囉，很高興認識你。我是那個死了哥哥的女孩。

呃，這樣很掃興？對不起。我們重來一次：「哈囉！我是那個死了哥哥的女孩！」

對。還是很尷尬，叫人洩氣。那句話懸在半空中，其他一切都靜了下來。畢竟哪有人能在事發後跟人閒話家常？

然而，老天爺，有時你就是想閒話家常。有時你想要跟不認識你的人講一些毫無意義的話，他們沒有理由認為你跟一般女孩有什麼不同。

當你成為那個「死了哥哥的女孩」之後，日子開始難熬。特別是哥哥死時，你才十八歲，再過幾個星期就要從高中畢業，必須拋下少了哥哥的喪親家庭去外地上大學，進入一個不知道你失去手足的新世界。

「他是怎麼死的？」你一定想著這個。這個問題懸在半空中，因為有好多糟糕的可能性，而你的腦袋又不可能不馬上跳到這個問題，即使你客氣到不敢問我。沒關係，我來開口。五月某個晴朗的星期天下午，我在車庫裡發現他的屍體坐在他的車子前座。當時車庫裡有兩部車，引擎都開著。

年輕人死亡不是件自然的事。它是悲劇，是不對的，它顛覆了你所有已知、依賴、視為理所當然的一切。這個世界並不安全，你的家人不會永遠都在，人會死去。

年輕人死去會變成新聞，眾所皆知。而死的人是你哥哥，留下你跟姊姊（他的雙胞胎妹妹），他們等於是你這輩子認識的所有人，因為你們都跟父母住在同一個房子一起長大，上附近同一所公立學校，在同一個公園玩耍。好多人走路去參加坐七，不是因為他們信仰虔誠，而是因為他們在距離只有五分鐘路程的班伯里（Banbury）、桑德菲爾德（Sandfield）、賽吉伍德（Sagewood）、坦巴克（Tanbark）

和雪佛（Cheval）。我們在班布（Bamboo），所有孩子都湧到草皮上的那間房子就是。如果再加上紅色塑膠杯，看起來就會是一場像樣的派對。

我的家人不會談論「身分」這種東西，不過我們的身分的確大有轉變，而且是公開的。我們原本幸福快樂的核心家庭怪異地缺了一角，大家都很清楚。自殺比死亡多了一層黑暗、沉重的負擔，因為不免會被問「為什麼？」而不是隨著非外力的悲劇，衍生的無解答且難以預測的那種「為什麼是我？為什麼是她？為什麼是他？為什麼是我們？」別人會問「可是他為什麼這麼做？」也完全合理，語氣帶著濃濃的「誰忽略了徵兆？」、「誰說錯了話？」，以及「誰應該事先料到？」無可避免地暗藏譴責。

不管公不公平，罪惡感與羞愧感都會一併出現，就像你買HBO附送的次級電影頻道。那場車禍……那顆腫瘤……那個離奇事故——沒人預測得到，也就沒人可以阻止。但是自殺不一樣，因為跟他最親近的人應該要發覺。對吧……對吧？

「死了哥哥的女孩」升級為「哥哥自殺而死的女孩」力道更強，同時湧過來的還有各種揣測。

所以，我的老天，能夠認識不知情的人感覺真好。

我的大學離家兩個小時遠，很多學生都來自我的社區，因此兩各其美：知道我喪兄的人組成的支持系統，以及其他不知情的廣大匿名群眾所構成的甜蜜空白。我能夠在「死了哥哥的女孩」與「學生報女孩」、「學生會女孩」、「辯論社女孩」，是的，還有「胖十五磅的大一女孩」之間來回轉換。

這種轉換並非無縫，不管身在何處，我永遠都知道自己曾經有個哥哥，而現在他已不在人世。那一年我過得辛苦又煎熬，除了要應付一般大學生的煩惱（朋友！男生！成績！），還要處理自己歡樂的五味雜陳（哀傷！內疚！羞愧！）。不知名有好有壞，你被一群喝得爛醉的人圍繞時，會感到極度疏離，腦袋裡的聲音大叫：「等等！停下來！哥哥死了你怎麼能參加派對？」更讓人疏離的是接下來忍不住冒出來的想法：「這件寬外袍是不是讓我看起來很胖？」（小提醒：每個人穿寬外袍都會看起來很胖，它就是一張床單，再怎麼合身都只能拿去鋪床。）

消息會傳開，因此有時候不認識我的人，也聽說過我。某個炎熱的夏日夜晚，我和朋友去了景色優美的屋頂平台，一頭秀髮傾洩於我最愛的酒紅色緊身上衣，讓某個男生來搭訕——反正又沒差。我沒有要跟他怎麼樣，不過受到注目的感覺很不錯，而我仍在學習如何在酒吧跟不認識的人交談。

他可能意識到了我興致缺缺，因為他冷不防地使出殺手鐧，「我知道你是誰，」他說，身子靠得更近。「我知道你哥哥的事，你想談的話我願意聽。」我的臉漲得通紅，感覺好像做壞事被抓到、臥底破功、輕鬆愉快的面具被掀開來。他把場子從隨興轉成嚴肅，期待從我身上引發情緒反應，好拉近兩人的距離。我覺得自己不得不回應——他都問了，不回應很無禮——因此我回答了這位路人的問題，告訴他我在車庫裡發現哥哥的屍體，於此同時，我周圍輕鬆愉快的人們正在屋頂平台享受輕鬆愉快的夜晚。

當我從大家都認識的社群拓展出去後，類似的事情就比較少了。我離家上大學、唸法學院，再搬到紐約（世界上最多人穿寬外袍的地方），然後發現了一件事：當你長大成人，沒有人會知道你的包袱，除非你主動分享。

如果你不是死了的那個人，終究得想辦法繼續活下去，而其中一部分是搞清楚你想讓別人知道多少。你不會邀他們早上與你共浴，也不會跟他們透露你的帳戶裡有多少錢，那為什麼要讓他們知道你的事情呢？即使對方的問題看似無害，像是「你有兄弟姊妹嗎？」你也不欠任何人答案。你有機會做決定，有時感覺很棒、有時感覺會很差；但你可以把自己擺在第一位，活著的人有這種特權。

然而這不是絕對的特權，這就是為什麼你還沒有聽到我談其他家人（顯然我揭露自己喪親時，無法不同時向認識我們的人揭露他們也喪親，不過他們要跟別人分享多少資訊由他們決定）。關於我的家人，總歸還是那句話：「如果你不是死的那個人，終究得想辦法繼續活下去。」事情已經過了二十五年，我們在這裡，我們在一起。無論如何，人生還是可以很美好。

事實上，人生真的很棒；因為最近我有了小寶寶。她是不可思議、奇蹟似的禮物——不管怎麼樣都是，不過我是單親媽媽，所以我的核心家庭也就是她的核心家庭。我哥哥死的時候，把我們的五口之家變為四口之家。到了二十五年後的今天，四口之家又因為女兒變為五口之家。

當然了，她以他命名。當別人問起她的名字，我不會每次都解釋源由。「她以我過世的哥哥命名。不要有壓力！」要不要加後面那一句由我決定——因為現在我不只是「死了哥哥的女孩」，還是「死了舅舅的女孩的母親」。

我寫這篇文章時，已經比哥哥當時的年紀多了整整二十歲。如果現在見到他，我會覺得他是個孩子（雖然我要鄭重聲明，他是個高挑、帥氣、聰明、有趣、善良、美好、真誠、大方、忠實又超棒的孩子）。然而他在我的心中永遠是比我年長、伶俐、睿智的哥哥，特別是我知道自己用「睿智」形容他，會讓他很開心，因為他喜歡這類的詞。我依然好奇他會做什麼，想像他會說什麼，也試著讓他感到驕傲。

我還是認識一大堆二十五年前來參加坐七時湧到草皮上的人。我會在臉書、婚禮與成年禮（bat mitzvah）上見到他們，或是帶女兒回去看家人時偶然在街上遇見。想不到的是——不知名很好，但能把女兒介紹給認識她舅舅的人更好。他們不必問她的名字是怎麼取的，因為他們知道他叫什麼名字。

與母親的「白」和解

Making Peace with My Mother's Whiteness

艾咪·美香·金瑟（Amy Mihyang Ginther）創作於二〇一四年，原標題為〈對抗白人特權，哀悼我的白人母親〉，原刊載於現代失落網站

我開始利用身為演員的多年訓練，我學過如何為矛盾的感受與經驗，在體內騰出空間。我創造了空間給我的意識形態、我的社會公義工作，以及我對媽媽的愛，讓它們得以共存。

四年級時，班上有個男生叫我黑鬼。我很困惑，因為我是韓裔美國人。我媽媽一點也不困惑，她大步走進校長室為我出頭，要求學校採取適當行動。媽媽總是像個戰士，捍衛她跨種族收養的孩子們。

她在二〇〇八年八月死於肺癌後，我搬到首爾教英文，與原生家庭重聚，並且積極參與當地活躍的韓裔養子女社群。我在那裡認識了其他在西方長大、如今在出生國討生活的同伴——與韓國國民結婚生子、經營小本生意如麵包店，以及在政治上協助已成年養子女取得過往紀錄。

來到首爾，我才了解自己的成長過程有多不尋常。沒錯，我在紐約上州一個以白人為大宗的城鎮長大，不過家鄉還有其他韓裔養子女。反觀我在首爾認識的許多人，在完全種族孤立的情況下，於美國或丹麥、法國和德國等「先進」歐洲國家被撫養。彼此交換了故事後，我發現自己的媽媽跟許多白人養母不一樣，那些記憶中的養母，經常對她們的生育能力、身分以及與跨種族養子女的關係缺乏安全感。

我認識的養子女之所以在韓國定居，有其私人原因，可能是想住在國外或與原生家庭重聚。也有人是因為政治因素，因澈底排斥他們在被收養國的生活和家人；其中某些人與養父母感情疏遠。我在首爾參加了由養子女主導的讀書會，以宏觀的韓國收養角度，看待仇女、貧窮、宗教、新殖民主義以及種族歧視議題。它與訴諸情感的主流論述相去甚遠，後者認為收養是個人的利他行為。

這種動態可能會讓養子女跟養父母產生齟齬，很多養父母不願去正視他們的兒子和女兒，本來可能沒有必要跟原生家庭分離。導致緊張場面經常上演，並在養子女、養父母、收養及收養後服務機構參與的會議，還有臉書群組、推特和其他線上討論串中，受到檢視。

當我開始投入這些空間，感到越來越大的壓力，不僅要去排斥白人養父母這個群體，還有非常明確的——我自己的雙親。但是我的身體還沉浸在哀慟裡，我的腦袋和內心耗竭到滿身疲憊，導致短期記憶喪失。我不久前才洗了媽媽脆弱的身子，餵她吃清涼冰晶片硬糖，看著她嚥下最後一口氣。

我開始利用身為演員的多年訓練，我學過如何為矛盾的感受與經驗，在體內騰出空間。針對收養，我思考了很多，最後拒絕接受這種二元論，它讓像我媽媽這樣的養父母，以及被解放或激進的養子女之間，產生了對立。因此，我創造了空間給我的意識形態、我的社會公義工作，以及我對媽媽的愛，讓它們得以共存。當我在教學、表演與養子女空間裡呈現真實的自我時，可以感覺到她的驕傲。我看得出來媽媽是壓迫力量的一部分，不過這無損我對她的敬佩，也沒有減輕我的哀慟。

我發現我媽媽這種人讓這件事很容易變得合理。她會提醒我們家庭以各種形式存在，如果陌生人以為我們是中國人或日本人，她會強烈糾正。當別人直呼我被收養有多幸運時，她會堅稱：「不，幸運的是**我們**。」幼稚園的小朋友霸凌我時，我們去找老師共同教育我的同學，談論關於韓國和收養的課題。我當時還太小，不了解她其實是個盟友，促使我主宰自己的養女身分認同。

當我們提起跨種族收養、白人特權、白人女性主義的排他性，以及流行文化的文化挪用（cultural appropriation）等議題時，其他人都見過他們的白人親友變得有所防備。我媽媽對我的信心，讓我成為那種會為了表達意見的權利而去抗爭的人。我也選擇相信，若她還在世，她會繼續支持我正在做的事，不管這件事讓她感到多不自在。

叫叔叔就對了
Just Say Uncle

麥可．亞希諾（Michael Arceneaux）
創作於二〇一八年

出櫃之後，我沒有奇蹟似地成為一個更有安全感的人，而是一點一滴慢慢累積。我學會接受自己改變不了的特質，再怎麼困擾都不值得引以為恥。我發現那些將偏見投射到我身上的人有各自的缺點。

「去他的死娘炮。」

我爸爸又喝得酩酊大醉。他可以這樣沒完沒了，直到深夜才甘願閉嘴、上床乖乖睡覺。

我爸爸踮起腳尖大概五尺八寸，體重不超過一百七十磅，發起飆來跟推特上的克里斯小子（Chris Brown）沒什麼兩樣。他曾有過風光的日子，但不是什麼暖男，遷怒他人也從來不感到內疚——不管會不會害人失去理智。

一如往常，我媽媽試圖否定從我爸嘴裡蹦出來的話：「別聽他的，麥可。丹尼爾不是同性戀。」

然而，我對父母和其他家族成員大部分的了解，都來自我爸的酒後怒罵。媽媽向我解釋了丹尼爾叔叔的死因，當時我六歲。她說他死於一種叫愛滋的病。或者，以小孩能理解的說法，他離開這個地方去了天堂，耶穌在那裡。在理想狀態下，你會希望死掉以後可以去耶穌那裡晃晃之類的。

我對丹尼爾叔叔的唯一記憶是他在聖方濟沙勿略的殯葬彌撒。那是一座古色古香的天主教教堂，位於休士頓南側，我陪著母親走到祭壇前，望進丹尼爾敞開的棺材後，歇斯底里地啜泣。我才六歲，他的遺體就這麼躺在箱子裡，這個行為在當下沒什麼不妥。

葬禮過後那幾天，我知道了「娘炮」是什麼意思。

「死娘炮！」我爸爸喋喋不休地罵他死去的弟弟有多娘炮，身為男人還跟男人上床多變態，只有龐克才喜歡這樣搞，他的死是自作自受。多年後，我才知道丹尼爾不但是個男同志，還吸海洛因上了癮。我父親也有成癮問題，跟他的其他幾個兄弟一樣；可是丹尼爾最大的過錯比吸毒還嚴重，他千不該萬不該跟男人發生關係。

我從小就知道自己與眾不同。丹尼爾的死讓我變得神經質，一直到長大成人，因為我在那一刻了解「我是個娘炮」。我在那一刻看見自己的不同之處，而它導致的後果可能很淒慘。

丹尼爾死前不久，我才剛從幼稚園畢業，開始注意到自己跟男生在一起比跟女生在一起開心多了——特別是在午睡時間，我永遠都睡不著。想像一個愛摸男生下面「好笑」部位的孩子，了解到喜歡男人的男人可能會死於這種偏好。想像年紀這麼小就知道你不如其他喜歡異性的人，被鄙視也是活該；就算是一家人還是會看不起你這種離經叛道的行為。

性事顯然應該要令人愉悅，而多數人透過時間與經驗去學習。不過我以前只知道性是異性戀用來繁衍後代的工具，對其他許多人則是無可避免的死亡。早在荷爾蒙開始分泌前，性對我來說一直很汙穢——到了青春期，我感到矛盾、厭惡和恐懼。我逃避性事到二十多歲，當我失去童貞時，心中滿是羞愧。有時發生性行為後，我會陷入恐慌，深怕安全措施沒做好。就算你把我全身都套進保險套，我可能還是會跟你說不夠。

再短暫的快感都會被記憶中棺材裡的同性戀叔叔給抹去。我遲遲不敢接受自己偏向同性戀的一面，例如我說話的音調比周遭多數男生都要高，很容易被視為娘娘腔；或是我跳舞的樣子讓我女性化和同性戀的形象更加醒目，我還記得某個人說我「跳舞像個死娘炮」的那一天。當時那句話的用意是稱讚，卻只引發了我的焦慮，我怕跟叔叔一樣被邊緣化，或像我在《活色生香》（*In Living Color*）等電視影集上看到的誇張男同志角色一樣，淪為笑柄。

我二十一歲時，終於決定不再打沒有勝算的仗。這跟我父母會有什麼反應無關，要是某些朋友無法理解我也不在乎。我必須停止逃避現實，我已經厭倦去逼迫自己違背一直以來的天性，感受不自然又空虛的吸引力。我會厭倦是因為自己離家數千里，希望可以好好重新來過，結果到頭來還是犯了跟父母和身邊的人一樣的錯誤——死守祕密、否認事實、壓抑情緒。我會厭倦是因為自己不該一輩子都在擔心不小心出櫃，我總是被公認為誠實的人，卻連自己的本質都不敢承認，這算哪們子誠實？

出櫃之後，我沒有奇蹟似地成為一個更有安全感的人，而是一點一滴慢慢累積。我學會接受自己改變不了的特質，再怎麼困擾都不值得引以為恥。我發現那些將偏見投射到我身上的人有各自的缺點。

我只跟爸爸談過一次自己的性向，他問我是不是在「搞笑」，當時心懷怨恨的我不想跟他分享任何私事。我知道他很清楚事實，但是我也了解不直接承認更傷他的心，所以我沒有回答，他從未再問。多年後，我從妹妹那裡得知他其實在親戚面前為我辯護，說他只希望我快樂。我們的關係遠比我的性傾向還要複雜，而我學會了原諒——我知道在那個情況下，他說了他愛我並希望我快樂，已經是他能做到的最大極限。我接受。母親仍因宗教因素不願面對，但此時此刻不再重要；她聽耶穌的話，我則跟男生跳碧昂絲的舞。

現在我過了而立之年，也幾乎克服了所有恐懼，我已經與「ＨＩＶ不是死刑」的現實和解。我常常愉快地跳舞，我不在乎自己的聲音聽起來怎麼樣，我知道講話的內容才是重點，我不讓自我本質與意義受制於別人先入為主的觀念——我為自己下定義。

我是擁有兩名美麗姪女的同性戀叔叔。我確保父母的無知不會遺傳到她們身上。她們不會害怕我失去性命——她們很開心看到我過著充實的生活。我對她們來說不是死娘炮，我是麥可叔叔，她們希望我跟另一個男生快樂地在一起。麥可叔叔就是麥可叔叔，不是令人厭惡的傢伙，不是受害者，不需要隱藏自我。

我或許對丹尼爾認識不深，但在人生各個層面都試著為他而活，也為那些從來沒有機會擺脫負擔做自己的人而活。我不知道他現在在哪裡，希望這一路走來能讓他高興。

遇見失落，你可以這樣做

在世者的負疚感

發揮創意善用遺物而非束之高閣

Survivor Gilt：Creative Ways to Use What's Left Behind Instead of Banishing it to Storage Purgatory

史黛西・倫敦（Stacy London）創作於二〇一八年

建議①：有些衣物原來的狀態就很棒。

- 做任何大改變之前先試穿看看，復古風十之八九會再度流行。

建議②：正確存放物品。

- 一般塑膠袋會隨著時間讓絲綢、毛皮或毛料衣物變質。
- 休閒服放進真空袋收納，料子較好的則裝在透氣衣袋再置入塑膠箱。

- 跟著我唸一遍：千萬不要用紙箱（除非你想養蟑螂）。

建議③：處理紀念物時安撫你的所有感官。

- 味道是很強大的記憶點。你真的很想念祖母時，把她織的、有她味道的毛衣從真空袋裡拿出來包覆自己。
- 備份重要的語音留言。
- 把一份你最愛的親人私房食譜裱框起來，一個月做一次。如果你不煮飯，找個會煮飯的朋友一起做。

建議④：別害怕戴上該死的珠寶。

- 把鑽石項鍊丟在黑暗的盒子中沒有任何好處。零件掉落可以補上，讓自己好好享受穿戴某人留給你的遺物。
- 你長得嬌小，不知道該不該戴誇張的雞尾酒戒？試試看吧，搞不好會有意想不到的效果。
- 戴不了太貴重的飾品？熔掉再做成其他東西。

建議⑤：重新利用與詮釋。

東西有時微調一下就可以再利用了，不過有時卻顯然怎麼樣也不適合你穿戴。若是如此，澈底改造吧！遺物還在，你只是賦予了新生命。

- 有建設性並有意識的量身訂做，讓東西變得實用又時髦。
- 讓舊首飾有了新角色。
- 替換一部分零件。

建議⑥：運用藝術巧思，將遺物大變身。

- 把鞋子改造成古銅書擋。
- 在牆上陳列紀念物。
- 把爸爸的舊T恤做成棉被或枕頭。
- 把傢俱漆成鮮豔的新顏色。
- 把皮手套剪成一片片再縫到帆布袋上，成為拼布設計。

遺產：我們這些所有人……

Inheritance:
Property of ……

Introduction 序言

蕾貝卡·索佛（Rebecca Soffer）

根據家族傳說，我爸爸在一九七二年的夏天對我媽媽一見鍾情，當時她去了他的廣告公司面試臨時文書工作（他沒有雇用她，後來宣稱她應該會是個糟糕的祕書）。他經歷兩次婚姻都以失敗收場，有三個大我很多歲的兒子，但是跟我媽的感情終於還是維繫了下去。他們花了三十五年的時間一起環遊世界，建立龐大的朋友圈，在我青少女時期，每次經過里頓豪斯廣場（Rittenhouse Square）的賽克斯風手，他們都會開心地臉貼臉跳舞，讓我困窘不已。

在一場突如其來的嚴重事故中，爸爸失去了人生摯愛，他有好幾個月深受打擊，當然我也是。那段期間，我們父女倆都提不起精神去整理她的遺物。這是我第一次面對親人遺物，有的瑣碎、有的重要、有的令人感傷、有的令人吃驚、有的寶貴、有的微不足道，它們在我內心形成許多疙瘩。

我曾經歡天喜地地在媽媽的衣櫃裡，找到象牙白皮革珠寶盒與迪斯可年代的紅色細高跟鞋；現在所有東西都任憑拿取，卻沒有一項適合她以外的主人。因此，我全都原封不動地保留，成為「雪比博物館」的館長，我把她的數百件物品當作古希臘文物般地珍藏。她報名過至少五次的初級橋牌班報名表；柔軟的粉紅色浴袍，右邊口袋放了一包沒用過的衛生紙，我把這件浴袍收在我的衣櫃裡，後來遇到情緒崩潰時就會用它把自己包起來。還有一塊親戚在某年十二月送她的甘油肥皂，裡面的懸浮彩色字體顯示「他媽的」，導致家人在生活不順遂時會大喊：「他媽的肥皂！」

都是一些雜七雜八的東西，但是意義重大。

身為家中唯一的女兒，自然得負責處理「女人」的東西，像是衣服、鞋子和私人文件。至於傢俱、藝術品與裝飾品則非我獨有。不過，當時我根本沒想那麼多。爸爸還住在原來的地方，我不會去把自己喜歡的物品搬走，讓他的生活支離破碎。更重要的是，媽媽在遺書中僅表示一切留給爸爸。她的年紀比爸爸輕很多，沒想到會先走（這個故事告訴我們：看在上帝的份上，把遺書寫好，而且要想清楚）。我也就這麼把事情擱著，留待遙遠的將來再說。直到四年後我讀了他的遺書，才心灰意冷地發現，他看似殘酷地打算在死後把媽媽的遺物分出去。

然而我爸爸並不是個殘酷的人。他幽默逗趣，他教我欣賞梅爾・布魯克斯（Mel Brooks，多才多藝的影劇音樂人）、綁船塢的樁結，以及在中學壘球比賽投出無安打比賽。他透露水冰（water ice，一道費城式甜點，比冰沙濃，比雪花冰稀。噢，而且比義大利冰好吃百萬倍）口味怎麼搭配最銷魂——下面巧克力、上面櫻桃。爸爸會編織天馬行空的睡前故事〈月亮先生馬文〉，帶我去看佛萊德・薩維奇（Fred Savage）主持的《週六夜現場》（*Saturday Night Live*），並雇用女性多於男性，因為他知道女性比較優秀。他出身西費城的清寒家庭，沒有高學歷，靠著聰明才智與個人魅力成立了一間國際廣告公司，也是苦過來的人。而他的其中一項生存策略，特別是我媽媽過世後，就是告訴大家他們想聽的話，這樣他就不必面對真實反應所帶來的不自在。

結果是，在某些狀況下，我們每個人都獲得了拿到同一項物品的保證，它們對大家都有同等重要的意義。

真是他媽的肥皂！

因此，爸爸過世後，我最想要的東西是媽媽說她懷我時，待了好多舒服時光的沙里寧（Eero Saarinen）子宮椅。它流落何處？爸爸留給了我的一個哥哥。我問那個哥哥是否可以考慮賣給我，但他宣稱自己對那張椅子有高度的情感連結，因為我們的爸爸與他的媽媽（也就是我爸的第一任老婆），當初是買一套的。還有一幅四個月亮週期的夢幻畫作，總讓我想起爸爸的神奇睡前故事，我竟然必須以書面文件解釋為什麼我想擁有它。

這些討價還價的溝通過程，在遺囑執行人與各項遺物估價單的「幫助」下，變得更不順利。歹戲拖棚超過了一年，令人反胃。我跟兄長的關係不算惡劣，卻也沒好到哪裡去。「你們要對彼此好一點，」爸爸在遺囑中這麼警告，「不然我會陰魂不散。」這句話的用意是逗我們笑，但我日復一日越來越覺得，他真的透過他的選擇而陰魂不散——主要是他選擇不去選擇，讓我們自己打對台。

這不是豪門爭產的內鬥戲碼。我們在費城郊區，不是該死的《朝代》（*Dynasty*）。爸爸死後那一年，我因為壓力過大瘦了十磅，倒是家裡物品多了一噸；我想要彌補父母無法帶未出世孫子去露營或到海邊度週末的缺憾，卻徒勞無功。我真的需要五張邊桌嗎？或是寬十呎長十二呎的波斯毯？它現在擋住了我們的鍋爐房入口，因為捲起來之後只能塞在那裡。

我的爆發點來自一個有價值的藝術品，自我有記憶以來就對它著迷不已。我希望能夠傳給自己的孩子，爸爸應該也是，因為他曾親口這麼說過。然而，它的命運被遺囑中的一句話改變：「你們去商量。」我跟哥哥們爭論是否該估價、誰去估價，以及估出來的價是否有效。我們爭論是否該賣掉它或由其中一人買下。當他們所有人，其中一個還住在南非，提議「由家族共有」並每一季輪流擺在每個人家裡時（嗨，千萬別這麼做），我知道自己受夠了。父親真的陰魂不散，只要我不放手就會持續下去。我覺得自己好像不到四十歲就會心臟病發，婚姻也順便葬送掉。

至於我丈夫，他真心不想每晚收看「你相信這種事嗎？你說扯不扯？」的劇碼，也沒興趣囤積越來越多物品，把家裡打造成我的童年住處。

最後我說「他媽的」，兩手一攤放棄了。一幅畫、一張椅子……能拿什麼就拿什麼吧（不包括那幅畫），懶得再爭取了。

物質與財務問題解決後，我有了時間處理其他棘手的遺產難關，它們遠比搶一盞燈還要撲朔迷離。突然之間，我成為了父母私生活、友誼和回憶的保管人，我的自我意識從此永遠改變。

舉例而言，媽媽的某個朋友寄給我數百封記錄了她們二十年友誼的電子郵件。我很好奇讀了這些信會不會讓我對她改觀，或者她知道我讀了之後會不會覺得被冒犯。某個深夜，我瀏覽了幾封，很快地喉嚨深處開始發疼，發現她在外婆過世後心碎不已；還有她節食了好幾個月（我不覺得有必要），剛進入更年期的身體卻一磅也瘦不下來，我看到這裡很是洩氣。真希望當時我知道這件事，能夠安慰她。

再來是父母遍及全球的廣大朋友圈，我全都繼承了下來。我保存通訊錄、將電子信箱加入聯絡人名單、想辦法讓這些美好的人參與我的生活。我很快地理解就算父母跟他們很有話聊，不代表我也會。隨著時間過去，與最難熬的日子隔了一段距離，我在父母最親近的幾個朋友身上找到了共同點，一個幫我在舊金山辦了訂婚派對，另一個來紐約參加我兒子諾亞的一歲生日派對，還有一個成為了專業的人生導師。

身為父母共同的唯一子女，我也繼承了家族史學家的角色，我必須保留一切細節並傳給下一代。要是我忘了某件最能描繪父母性格的事、某項遺物，或某個有關我或孩子們未來健康藍圖的關鍵細節，該如何是好？（「我不知道我母親在嬰兒時期有沒有嚴重的胃食道逆流！」我對著小兒科醫師尖叫，手裡抱著嘔吐起來可以造就《大法師》場景的新生兒）。面對這種壓力很難不屈服，不過我承認壓力是自己給的。

總而言之，遺產是個不好惹的女人，當你以為一切都已塵埃落定時，又會帶來意料之外的驚喜。

爸爸過世後六年，我接到了一通電話。他在十年前對紐澤西州海洋城的一名飯店客戶提起訴訟，現在終於達成和解。這筆花費是個笑話，可我也收到了飯店印在薄荷綠紙上的禮券，價值一千二百美元，我馬上訂了下一個週末的房間。

飯店本身是個鳥地方，但賈斯汀、諾亞跟我在九月那個週末，都在木棧道跑上跑下，搭乘吉利安夢幻碼頭（Gillians Wonderland Pier）的摩天輪，並發揮「能吃就是福」的精神。下一個星期一送小孩去幼兒園時，賈斯汀傳給我一張照片，是諾亞把積木排得又長又複雜的畫面。「他在蓋一條木棧道，」他寫道，「不是我叫他蓋的。」

看來我的父母終究還是送諾亞去了那一趟難忘的海灘假期。

家傳寶典
Icky Pop

莎拉・費絲・奧特曼（Sara Faith Alterman）
創作於二〇一八年

我沒想過父母有一天會離世，我很好奇他們有沒有遺囑，如果他們走了，我是不是該跟弟弟還有叔叔阿姨等人去律師辦公室，了解自己可以拿到多少錢，以及我需要謀殺別人，還是保護自己不被謀殺。

我二十二歲時瘋狂迷上《法網遊龍》（*Law & Order*）這部劇，當時我住在默特爾海灘（Myrtle Beach），並在連鎖餐廳Applebee's當調酒師。我活在悲傷與自我否定之中，要不是穿著噴得髒兮兮的綠色polo衫在做霜凍土石流，就是躺在床上邊吃濕濕爛爛的雞翅、邊馬拉松式的追犯罪劇。我記得有一集是一群看似精英分子的送葬者，姿態矯作地聚集在律師辦公室，聆聽家族企業創辦人的遺囑；其中一個兒子發現他分不到遺產，正要爆走時，畫面切進廣告並配上招牌的兩聲「登登」。

那個當下，我還沒想過父母有一天會離世，我很好奇他們有沒有遺囑，如果他們走了，我是不是該跟弟弟還有叔叔阿姨等人去律師辦公室，了解自己可以拿到多少錢，以及我需要謀殺別人，還是保護自己不被謀殺。

電視在我二十多歲時是我最好的朋友，可能因為在那之前我不被允許看電視。我的新英格蘭父母並不殘忍、保守，也不是宗教狂熱分子，他們只是希望盡量讓我和弟弟健全成長得越久越好，不受世上的淫穢與變態汙染——當媽媽拒絕買《難以捉摸》（*Slippery When Wet*）專輯給我時，顯然邦．喬飛（Bon Jovi）是其中一個問題。這是很有趣的教養選擇，因為我爸爸是色情小說作家。

正確來說是詼諧色情小說作家。一九七〇年代，他寫了一系列新奇的成人書籍，運用大量性暗示、豐滿的漫畫角色與呻吟聲的諧音雙關。那些書成了我繼承的遺產；其他朋友逝去的雙親都遺下鋼琴、住宅、傳家珠寶與退休存款，我爸爸卻留給我充滿身體羞辱和蕩婦羞辱的作品目錄，包括他有史以來最暢銷的著作《你可以跟小穴玩的遊戲》（*Games You Can Play with Your Pussy*）大開本平裝書。

我讀中學時發現了爸爸的書。父母的保護讓我對這個世界更加好奇，只要他們不在家，我就會翻遍所有抽屜和櫃子，想找到任何比自己的精靈娃娃更有趣的東西。某天下午，我來到客廳（我們稱它為「鴨子室」，因為整個空間皆以綠頭鴨為主題來裝潢），然後攀上書牆，挖到了寶——一本百科全書後方的角落塞了一堆色情平裝書。《你可以跟小穴玩的遊戲》封面是卡通貓，我以為是漫畫便翻來看；某些章節的標題像是〈如何清洗小穴〉以及〈如何照顧生病的小穴〉卻讓我困惑不已。

其他的書籍是一個系列，都以布莉姬為同樣的主角，她擁有深色頭髮、紅潤臉頰，而且非常非常胖。我想這應該就是「詼諧」的部分吧，表示胖女人也可以很性感。在某個故事中，布莉姬被她的房東綁起來搔癢；還有一個是她去棒棒糖工廠面試，必須蹲下來向人事主管證明她有多會吸。

當我聽到車庫的門發出隆隆聲時——代表爸媽已經到家——我趕緊把書放回櫃子頂層。此時，我注意到書名右下方作者署明「伊拉·奧特曼」，那是我爸爸。

這件事很難理解，因為我爸爸並不是個變態，他和善又貼心，早年創作黃色書刊而有過一段成功時期，跟一般人二十多歲時一樣，大概吧，接著在我出生後放棄了這一行。他有份平凡的辦公室工作，在同一家公司一待就是三十幾年。我們會在院子裡踢足球，每次他從芭蕾舞課接我回家，我們都會一起喝盒裝巧克力牛奶。這些書多年來我回去看了很多遍，從裡面學到了性知識，而難以啟齒的是它們激起了我的性欲。

我們從來沒有談過這件事。這就是為什麼數十年後，當爸爸打來說他丟了工作，要開始重新寫他的書時，感覺那麼奇怪。

「什麼書啊，爸？」我裝作不知情地問。

接下來我花了一年的時間處理爸爸寄來的奇特性愛素材——有關性愛姿勢的雜亂電子郵件、肉體交纏的圖片連結，以及印出來的新手稿，像是《調皮的新娘：下流洞房花燭夜指南》（*The Naughty Bride: An Indecent Wedding Night Guide*），他希望已經成為專職作家的我，能給他評論、潤飾，並幫助他在市場上銷售。這實在跟他一貫的形象不符。

幾個月後，爸爸被診斷出早發性阿茲海默症。醫生告訴我，他可能會開始出現不恰當的言語和行為，我不必放在心上，因為這只是病發的徵兆。

這件事我們只談過一次，在他神智清明之時，他承認自己沒有錢，很怕死後沒有東西留給家人。他對我說需要重操舊業，因為沒有其他貴重物品可以做為遺產，除了著作版權。「別擔心要留什麼給我，爸，」我求他，「別離開就好。」

然而他還是離開了，在他七十歲生日兩天後。我得到了一紙箱爸爸的書，它們目前被擺在兒子衣櫃裡的掛桿上方，旁邊是穿不下的嬰兒鞋、裝了電池後會響起恐怖片兒歌的玩具，以及另一個滿是損壞耶誕裝飾的箱子。

這一筆「遺產」諷刺的地方在於它不管從哪一方面來看都毫無價值，這些書賣不了錢，也構不成任何文化、文學或性論述。它們對我而言沒有紀念價值，唯一的感受只有「好噁」。我想，從這一點來看，爸爸對於身後沒留下財物給我的害怕還是成真了。

我不確定下一步該怎麼做，或者是否需要有下一步。版權終究會到期；未出版的作品可能永遠不會問世。我的確需要把書搬遠一點，不讓寶寶拿到，他正以閃電般的速度成長，已經是個敏捷的小男孩，家裡可以爬的地方他都會去爬。不過，我把書藏起來不是為了保護兒子不受世上的淫穢與變態汙染，或不讓他看見裸女。我只是還沒準備好進行俗稱的「鳥與棒棒糖」（birds-and-lollipops）對話。但對話終究會進行——有關性愛與同意以及各種環肥燕瘦的力與美。雖然我的遺產是個浪女，但我不是。

親愛的，取名別搞砸

Honey, Don't Screw Up the Namesake

大衛·賽克斯（David Sax）

創作於二〇一三年，原標題為〈取名學問大〉，原刊載於現代失落網站

我們的情況跟許多即將迎接新生兒的父母沒什麼兩樣，但兩人都感受到了傳承的額外負擔，讓尋找名字的過程變得更簡單，卻也更錯綜複雜。雖然希望她能體現外公最棒的特質，但她將以自己的名字成長為自己的樣子。

「亨利怎麼樣？」

「太常見了。」

「雨果呢？」

「我會想起雨果·查維茲（Hugo Chávez，委內瑞拉前總統），還是哈德利？」

「呃，聽起來像緬因州某個牌子的戶外傢俱。你看看，名單上連這樣的名字都有：海姆（Haim）？博史（Hiroshi）？哈迪普（Hardeep）？哈克斯佛（Huxford）？」我轉向妻子，給她一個謹慎的微笑並像日本人一樣深深一鞠躬，「叫博史・賽克斯（Hiroshi Sax）如何？」

我們堂堂邁入了第二孕期，此時未出世的孩子還不知性別，命名問題悄然浮現。其他在同一時間懷孕的朋友們早就鎖定了前三順位，就像美國職籃ＮＢＡ選秀一樣，而我們都快生了，還選不出個所以然。我們的情況跟許多即將迎接新生兒的父母沒什麼兩樣，但兩人都感受到了傳承的額外負擔，讓尋找名字的過程變得更簡單，卻也更錯綜複雜。

我妻子的父親霍華（Howard）在兩年前過世，我們結婚時他正在對抗病魔，到了一週年紀念日的前一週，以五十九歲的年紀逝世。霍華是個精彩人物，他為人極度和善大方、古怪嬉皮，他跟陌生人打招呼的方式，可以是擁抱，也可以是說教。除了老邁的祖父輩，這是我們夫妻倆第一次面對直系親屬的死亡，而現在家族的長孫正在肚子裡長大，自然備受期待。

「你在裡面嗎，阿霍？」當小姨子聽到懷孕的消息後第一次來訪，她這麼對著老婆的肚皮問。她那父親過世後變得更加虔誠的哥哥稱呼寶寶為「尼夏瑪」（neshama），在希伯來文是「靈魂」的意思。大家會談到寶寶能撫平家族傷痛、生命不斷輪迴，甚至有幾個人公開表示這孩子是霍華投胎轉世。我們的胎兒連骨頭都還沒長好，就被賦予了化解親戚哀慟的使命，壓力真夠大的。

一開始，我們以為致敬霍華能讓寶寶的命名變得簡單，畢竟我們已經自動把二十六個字母的範圍縮小到只有一個，讓流程簡化，也省去了好幾個月的時間來列沒有用的名單。然而隨著我們翻閱嬰兒命名書籍和網頁，點進老婆購買的客製化命名軟體之後，很快地發現若要遵循猶太傳統以寶寶的名字向已逝親人霍華致敬，會比我們想像的還要棘手。

「H」開頭的名字並不好取。如果你是印度人或日本人可能有不錯的選擇，但是對兩個現代猶太人而言，不是聖經味太濃厚（哈達薩〔Hadassah〕、赫奇帕〔Hepzibah〕、胡爾達〔Hulda〕），就是太嗨太潮（快樂〔Happy〕、和諧〔Harmony〕、假期〔Holiday〕）。我們把這些名字挑出來，開玩笑地一個一個稱呼肚子裡的寶寶，要他喜歡哈德利（Hadley），就踢一下，不想被叫海爾加（Helga）就安靜待著。很遺憾地，他總是等到深夜，老婆要睡了才踢，寶寶不跟我們玩命名遊戲。過了一個月後還是毫無進展；同時，準備工作如火如荼地展開。隨著卸貨的日子越來越近，親戚朋友甚至不怎麼熟的人都在步步逼迫我們趕緊做決定。

「我們已經有一些想法了，」我們會這麼說道，臉上掛著微笑，暗自恐慌、背脊發涼。

在那些漫長又充滿挫折的夜晚，我們不斷地在同樣的選擇之間鬼打牆，我真希望我們的文化跟盎格魯撒克遜一樣有自動的命名程序（小霍華去打板球了，你要留言嗎？）。我們曾經想過算了，如果是男孩，乾脆直接取為霍華，不過老婆隨後認為用爸爸的名字叫一個吸她的奶，或在地板上大便的嬰孩，會讓生活尷尬到不行。

經過了幾個月的挫折，我們慢慢地不再堅持「H」開頭的名字，決意改用中間名來致敬霍華，這才獲得解脫；現在有另外二十五個字母可以選了。我們開始把重點擺在自己想要的名字，能夠反映孩子的本質，而非只是個稱呼。最後，老婆找到了一個中意的：諾亞（Noa）。這是聖經中的角色，被認為是最早的女性主義者之一，而霍華生前總是堅持要讓女兒們在這個世界上得到平等的待遇與機會，特別是在他們的宗教裡。她的中間名將使用霍華的希伯來文名字。

很幸運地，寶寶是個女孩。如果是個男孩，可能就叫博史了。

小諾亞呱呱墜地後，的確在某種程度上撫平了老婆家人的喪親之痛。寶寶為他們帶來了無限的喜悅，關於投胎轉世、她是霍華的靈魂具體化與生命遺產等言論，很快地消逝無蹤。他們理解到她是獨立個體，血脈傳承自霍華，雖然希望她能體現外公最棒的特質，但她將以自己的名字成長為自己的樣子。

一年後，英國凱特王妃誕下王子。我對著樓下的老婆喊：「是個男孩！」她正在等待消息。

「很好，」她說，「至少他們不必叫他黛安娜。」

意外的檔案保管人

The Accidental Archivist

絲賓瑟．梅洛拉（Spencer Merolla）
創作於二〇一八年

死亡把所有東西都變成傳家寶。哀慟是開放式的，我跟這一大堆遺物的關係也是。我已經接受了自己的考古學家與博物館館長角色，我必須發揮創意，讓具有複雜歷史的物品產生意義。

沒有滿滿的人，事物就不會存在。

——布魯諾．拉圖爾《柏林鑰匙》

在我還是青少年時，雙親在幾年內相繼去世，接下來則是一連串的後事。別人好意安慰我「回憶會永遠留在心中」，可是那些回憶幾乎一瞬間便開始褪色。首先是他們的聲音，再來是他們的味道、爸爸某個愚蠢笑話的哏；之後我進入了一個詭異時期，不管到哪都好像看見了他們，我發現父母在我心中的面容已經變得模糊。

哀慟使人失去記憶，很糟糕。我會在腦海裡搜尋細節，收穫卻越來越少。

回憶我留不住，但父母留下來的遺物我可以實際保存，像是剩下一半的保濕霜，媽媽用它來舒緩灼傷；爸爸新買卻沒機會穿的polo衫；上面寫著電話留言的便利貼——這是爸爸最後的字跡。

死亡把所有東西都變成傳家寶。

我這輩子已經不可能更加了解雙親，不過我可以像個考古學家調查他們的物品，為來不及問的問題尋找答案。寄給奶奶的信記錄了爸爸離家後的調適過程；一張名片述說了他畢業後的第一份工作；一張快照裡幾株凌亂的多年生植物，顯示出媽媽很自豪能夠開墾花園，它也成為後來我所熟悉的樣子。我就像個非常特別的小小博物館館長，可以根據當時的人生狀態梳理資料庫，並找出一系列最適切的物品來使用。我在大學時期練跑步，訓練時穿著媽媽的夾克。我找到第一份辦公室的工作後，拿爸爸的鞋刷擦亮鞋子。我撬起相框背面，把童年舊照換成旅遊寫真；我為了一個藝術裝置剪了媽媽的婚紗。爸媽一定不希望我陷在他們的遺物裡走不出來，但也不會希望我喪失把它們留在身邊所得到的慰藉。

不過，有時數量實在是大到令人無法負荷。我的第一間公寓（更別提我租的倉庫）裡，滿滿都是一名二十一歲的年輕人不會擁有的東西。我削減它們的速度之遲緩，感覺就像一種性格缺失，既沒有能力跟過去斷乾淨，也無法成功地讓它融入現在。然而，跟這些東西說再見使我充滿罪惡感，甚至後悔莫及。在非強制的情況下要斷捨離，是一種情緒暴力。

文化期待也一直讓我進退兩難。儘管最近很流行整理房間只留下讓你「怦然心動」的物品（根據國際知名日本收納大師近藤麻理惠的說法），但某些根深柢固的觀念，決定了在這個情境下什麼東西該收著——「好的」瓷器、護照、婚紗、值錢的畫作。網路鄉民對於我可能不打算永遠保存這些遺物感到震驚，我因此更加恐懼深怕有一天回過頭來看，會發現自己全做錯了。於是我在家裡及付費倉庫擺放雜七雜八的收藏品，它們看似過多卻也永遠不夠。

隨著一步步進入成人階段，我設法減少了永久收藏品。其中有一些遺憾，像是我穿去參加母親葬禮的洋裝，那是她在過世前幾個星期帶我去買的。我沒有辦法再穿上它，但它也是母親給我的最後一樣東西。那件洋裝被裝在乾洗店的塑膠袋裡好幾年，我都沒去碰它，直到最後我把它捐給慈善機構。對不知情的人而言，它只不過就是一件黑色洋裝。

媽媽離開前那幾週說過的話在我心中特別重要，她向我解釋不好的回憶和好的回憶都值得保存。她搞不好希望我留著那件洋裝，但跟其他很多東西一樣，我永遠都不會知道。

哀慟是開放式的，我跟這一大堆遺物的關係也是。我已經接受了自己的考古學家與博物館館長角色，我必須發揮創意，讓具有複雜歷史的物品產生意義。這些亂七八糟的雜物——極簡主義傳教士一定會叫我丟掉——在父母的香水味與笑話梗消失了很久之後，提供了我與他們連結的新機會。

一年前，我和丈夫搬進了我們的第一個家，大門寬敞到可以讓我父母的餐桌通過。它擺在狹窄的房間顯得過大，既笨重又不便，但以自己的方式適得其所。

房屋之下
Under the House

茱莉・薩托（Julie Satow）
創作於二〇一八年

如果家裡每個人都已經從死亡的黑暗陰影中走了出來，那麼為什麼我們不能把他的車拖走，讓自己從他的遺物解脫？可能是懶惰，但我想也是畏懼再去撕開哀慟的傷疤。

如果有個地方可以象徵一個人歷經了晴天霹靂的喪事之後，在困惑時期所犯下的過失，那麼我們家在佛蒙特州的房子可說是典型代表。

這棟龐大的不規則建築物獨自坐落於山丘上，俯瞰夏普倫湖（Lake Champlain），通常都是空蕩蕩的。它在傳統的意義上不算是個家，多年來已經成為了家族倉庫，用來存放我們最痛苦的回憶。

這間房子在美國極北，再過去就是加拿大——距離蒙特婁近到收音機時常收到法語電台。它在幾年前重建，令人費解地保留了原本百年古屋嘎吱作響的中空骨架。我的父母運用了之前搬家剩下的少數傢俱，並倚重我的高中水彩畫作品，很快地便完成了裝潢。前屋主經營民宿的痕跡仍然存在，像是爬在架子上的假藤蔓，以及特大號的空水族箱，它曾養過滿滿的熱帶魚。

我的父母在我弟傑德自殺後幾個月買下了這棟房子，他們告訴我這件事時，那股絕望感仍記憶猶新。我們才在佛蒙特州艾塞克斯（Essex）的小旅館度週末，在游泳池裡游泳、四處探索並看看有什麼房子在賣。在那些黑暗的日子，我們一家人時常一起出城，彷彿窩在新的地方可以讓我們從椎心之痛當中抽離。我反對在那裡買房子，太遠、太冷又太不實際，可是爸媽聽不進去。

在那難熬的幾個月，爸媽像強勁海流中的章魚，把還活著的哥哥跟我當成岩石緊緊吸附，深怕一放手就會被沖走。他們買這棟房子做為避難所與保險，認為這樣我們就不會跟弟弟一樣離開。

買了房子之後，我們做的第一件事是把傑德的東西從紐約全部運到佛蒙特。當你還年輕時（傑德才二十歲），通常除了生活用品，不會留下任何遺產。他塞滿髒球衣與黑球鞋的笨重曲棍球袋、大衛・馬修（Dave Matthews）與齊柏林飛船的演唱會T恤、心理學導論課本及英文報告，全都被送入了地下室。我們將他龐大的休旅車停在鏟雪機和腳踏車旁邊，將近二十年來它一直在那裡，黑色的車身蒙上一層灰塵，引擎也已經鏽壞，而我的父母還是繼續繳車險。

從一開始，我哥哥一家就最常使用這棟房子。他跟一般屋主沒兩樣，會邀朋友來玩、在湖裡游泳，並在橘色的夕陽下烤肉，做大份量的夏日晚餐。

我通常都保持距離。我討厭冷得要命的湖，不知道怎麼開我們放在那裡的小型汽艇，而且遠離文明世界讓我這個都市人很不自在。我的父母也是，很少開車過去。在布魯克林出生的父親幾乎不會游泳；比起釣魚或健行，母親寧願逛街和去餐廳吃飯。

偶爾我們會全家一起過去，通常是在跨年夜，傑德的忌日也差不多是那時候。某年爸媽在房裡待了一整天，我跟哥哥、嫂嫂尷尬地在客廳爐火邊看書，年幼的姪兒們渾然不覺這個日子的重大意義，照樣在走廊上奔跑玩耍。大部分的時間屋子都空無一人，是個荒唐的特大號倉庫，專門用來擺放傑德的遺物。

據說房屋也有人格。對我而言，這間房子是座陵墓。在地面上，陽光燦爛、青草翠綠，然而幾乎不曾有人敢到地下室看看哪些東西正在腐爛。

我們以各自的方式熬過最初可怕的幾年。雖然我們都已經調適好並走出來了，但是房子並沒有隨著我們改變。傑德的遺物依然固執地躺在地下室無人碰觸，我們草草集中於臥室的傢俱一樣紋風不動。我當時孤單又害怕地躺在床上所蓋的毯子，現在我和丈夫罕見地造訪時還在使用。

你以為我們會找一個討厭的週末，聚在一起整理傑德的遺物；面對平凡大二生那些發臭而且很可能已經被蟲蛀爛的衣物和書籍，這件事我們可是壓根連討論都沒有。

我們倒是在閒聊之間談過要把房子賣掉。在東北部的鄉下地方要維護一棟不常去的空屋，所費不貲。草皮要割、浣熊陷阱要設、電費要付，還有結凍的水管要解凍，我的父母會很樂意省下這些錢。大家都理解到這間房子有多不實際，可是我們完全不合邏輯地什麼也沒做。

最近我和丈夫將一些存款拿去買了長島海灣的一間小屋，丈夫的家人長久以來都在那一帶度假。買下之後，我覺得我們好像打破了父母購入佛蒙特房子時所做的約定——一家人永遠待在一起，所以我很驚訝他們對這個消息沒有太大的反應。父母已經不再緊緊依附我們，這麼多年之後取而代之的是堅強的接納。

如果家裡每個人都已經從傑德死亡的黑暗陰影中走了出來，那麼為什麼我們不能把他的車拖走，讓自己從他的遺物解脫？可能是懶惰，但我想也是畏懼再去撕開哀慟的傷疤。因此佛蒙特的房子像個家族悲劇的紀念碑，一動也不動地矗立著，裡頭的東西被收起來擺在一旁。表面上一切正常，而底下仍有傑德破舊的休旅車，保險到今天都還在繳，彷彿引擎還能發動，某天我們其中一人會把它開走。

羅恩舅舅
Uncle Ron

金・高德曼（Kim Goldman）
創作於二〇一八年

兒子分擔我的悲傷，不是因為他了解失去手足是什麼感受，而是因為我教了他擁有手足的感受——只是現在不再擁有。他漸漸能夠理解並接受死亡。他與一個從未見面也永遠見不到面的人，建立起深厚情感。

哥哥羅恩被殺後九年，我生下了第一個寶寶，取名為山姆・羅恩。生下男孩讓我鬆了一口氣，因為我早已計劃好一切了。山姆會是哥哥，第二胎我希望是個女孩。我打算讓兩個孩子跟我和羅恩有著一樣的年齡差距，也期待他們跟我們兄妹倆一樣親近。結果不如人願，我和山姆的爸爸離婚了，再也沒有孩子加入這個家庭。

過去十三年來，山姆在擺滿我跟羅恩合照的家中成長。這一張羅恩六歲、我三歲，我們在玩泡泡澡；那一張我們在芝加哥某個森林保護區的樹枝上保持平衡，哥哥靠過來給我一個吻。我們抱在一起，我們總是抱在一起。兒子是聽舅舅的故事長大的，像是他在我十四歲生日的六天前，把我從一場致命車禍的殘骸中拉出來；他會用嚇人的「爸爸嗓音」接我男友的電話，試圖把他們嚇跑；他在我二十一歲生日時讓我大吃一驚——假裝要請我喝「人生第一杯合法的啤酒」，最後帶來一場他協助籌備的大型驚喜派對。

我老是看到哥哥與兒子有著不可思議的相似之處，像是幽默感、諷刺語氣、臉上雀斑分布的樣子、安靜內向的個性都如出一轍。每當我聽到別人說他們也有同感，都會驚奇不已。

山姆知道羅恩舅舅的生平事蹟，也知道很多羅恩舅舅被殺的細節。以十三歲的程度，他了解我們這樁著名案件以及為受害者爭取權利的重要性。他知道羅恩的故事是歷史的一部分——不只是個人歷史，也是史書歷史——以及爭議性仍存在，因為它有關種族關係與名人正義。他知道我有時會離家去幫其他在謀殺案中失去親人的家屬發聲，他們不像我們這般受到大眾關注。

陌生人在社群媒體上對我在羅恩死後所做的人生抉擇表示不屑，有些人甚至指責我在山姆還太小的時候，就讓他承受「太多悲傷」。對我而言卻是恰如其分，兒子分擔我的悲傷，不是因為他知道失去手足是什麼感受，而是因為我教了他擁有手足是什麼感受——只是現在不再擁有。

我們經常去羅恩的墓地看他。山姆會挑選花朵、排好墓石上的石頭（一項猶太傳統），並在他插進堅硬泥土中的脆弱塑膠棒旁，慢慢地精心加上完美的訊息。

「我想你，等不及要見你。」他用潦草的字跡寫道。

「希望你不管在哪裡都過得開心。」

以及最近的「我越見不到你，就越想見你。」

這種不加矯飾的真摯情感來自於生在悲劇家庭的小人兒。山姆更小的時候，他可能不懂自己在墓前說了什麼、感受了什麼；隨著日漸長大，他漸漸能夠理解並接受死亡。他與一個從未見面也永遠見不到面的人，建立起深厚情感。

他看到媽媽和外公上電視會問，某天是不是也得跟我們一樣演講與接受專訪。他很好奇羅恩的謀殺案會怎麼影響他的人生與未來，我沒辦法告訴他確切答案——只能誠實地述說它如何影響我，以及一旦時機來臨，他將做出的選擇。

每每看到電視報導羅恩案的知名凶手卻隻字不提羅恩，家人會對著電視哭喊叫罵，在這樣的環境下，小山姆依舊充滿希望。在陷入哀慟的家庭長大，讓他很早就學會如何面對痛苦、表達情緒，縱使人生無常也要繼續前進。很明顯地，我寧願用這些人生課題換回山姆的羅恩舅舅，讓他們兩個可以在車道上一起投籃。

不過，天不從人願。我沒料到這股哀慟會轉移，尤其當了母親之後。每天隨著我對山姆的愛加深，對老哥的渴望也益發強烈。我以為自己再也不可能比現在更思念羅恩，可是每當山姆達到一個里程碑，我便會更思念他。當山姆踏出人生的第一步，我變得更想羅恩；當他上幼兒園、上中學時，我變得更想羅恩；當兒子第一次陷入愛河、失戀心碎，我一樣更想羅恩。

不，沒有人事先告訴我，生了孩子後這股哀慟會改變形態，我也還沒準備好這麼開放又甘願的承受它。我所經歷的痛苦絕對比不上哥哥死前遭遇的折磨，而世界上沒有比父母的愛和保護更強大的力量。

我沒料到自己的故事會成為山姆的故事、我的哀慟會成為山姆的哀慟、我對哥哥的愛會成為山姆對同名舅舅的愛。我很欣慰這份對羅恩的渴望和深厚的情感，可以延續到下一代。

遇見失落，你可以這樣做

沒有遺囑。我現在他×的該如何是好？

There's No Will. What the Bleep Do I Do Now?

亞曼達．克萊曼（Amanda Clayman）創作於二〇一五年

原標題為〈教你如何在沒有遺產規劃的情況下避免家族衝突〉

一名財務治療師（對，有這種東西！）可幫助你應付（與維持）家庭。

① 考量長期影響。

在逝者沒留下清楚指示的情況下，處理遺產可能會踩到許多情緒地雷，不過這種事很常見。大家會自動想到錢，但遺產基本上是你的親人過世時擁有或欠下的任何東西。它可能只是幾樣物品，像是老爸的棒球獎盃。在分配這些東西之前，想想你的理想結果是否值得鬧得全家不愉快。

② 設定基本原則。

讓每個人分享他們的目標。記住，你們在同一條船上——特別是當關係變得緊張時（這一定會發生）。

③ 記住，每個人對「公平」的看法不同。

平均分配、視需求而定、全部捐出去？這些都是可行辦法。要是別人的公平定義跟你不一樣，你是說不過對方的。

④ 「對」這個字是錯的。

是的，你非常確定親人的遺願是什麼，但有白紙黑字寫下來嗎？如果沒有，他們很有可能跟別人說了不同的話。

⑤ 別搞小圈圈。

親戚可能連成一氣，試圖強行做決定。在哀慟的影響下，這是很不明智的舉動。

⑥ 要避開家族論述陷阱。

爭吵可能引發舊事重提——特別是在親戚意見不一的時候。

⑦ 別刪去哀慟。

這是遺產經驗的一部分。繼承過程不管結果如何都不能減輕你的失落感，所以讓自己好好消化情緒吧！

⑧ 記住，遺產決議≠補償

錢不是愛，也非與生俱來的業障。如果我們覺得自己做出的犧牲比別人多，會很難記得這一點。

⑨拜託快去尋求幫助！

雇用專業調解人來幫助你走完這個程序，包含引導你考量實際問題，像是稅。這麼做絕對比打官司便宜！

資料：數位世界中的失「親」招領

Data: Loss (and Found) in the Digital Universe

Introduction 序言

蕾貝卡・索佛（Rebecca Soffer）

某個星期五的下午，我在工作時上網打混，信箱突然冒出一封電子郵件。「我今晚帶烤雞過去，」媽媽寫道，「等我唷，我愛你。」

聽起來真是太棒了。首先，這個星期很難熬。再來，我餓了。最後，我很想念媽媽的杏子雞，尤其是在她離世超過了一年之後。

這封電子郵件的日期為二〇〇六年五月十五日，在她死前將近四個月。差不多在我收到信的那段期間，我跟交往多年的男友分手，陷入低潮，又恰好遇上一票朋友的「結婚潮」。盯著銀幕上充滿愛的字句，我忍不住讓自己相信今晚就會見到她的假象，但它曇花一現。不會有家常晚餐；不會有人擁抱、親吻和保證我不會變成老姑婆；不會有媽媽。只有更多的中式外帶餐點，以及用過去歡樂時光嘲笑我的一把數位塵埃。

以前網路從來沒有對我開過如此殘忍的玩笑。早期的Pandora串流電台，曾經莫名其妙刪除一大堆精心製作的電台，像是「該死的去你媽混蛋」（Bloody Mother Fucking Asshole，瑪莎．溫萊特〔Martha Wainwright〕寫過同名歌曲。拜託，我沒**那麼**憤怒），那時也沒這麼扯。不過，網路沒有最扯，只有更扯。那封電子郵件扭曲了時間和空間來到我的信箱，讓我見識到網路和其數位親戚的狡猾本質，以及科技為哀慟過程帶來的巨大折磨。

自從父母過世，我一直需要防範網路的情緒偷襲。「領英」（LinkedIn）不斷發通知過來都被我拒絕了，它堅持我**真的應該**考慮加雷伊．羅森伯格（Ray Rosenberg）為好友（嗯，對，能跟死去的爸爸成為好友太棒了，謝謝喔！），或是谷歌快訊顯示雪比．羅森伯格（Shelby Rosenberg）有新狀態，讓我興奮了一下，讀了才發現是一則關於葉史瓦大學（Yeshiva University）男籃隊明星前鋒的消息，很詭異。或是花好幾個小時在不同裝置上刪除母親節的廣告轟炸，有的毫不令人意外（就是你，愛蒂寶水果禮品〔Edible Arrangements〕），有的想都沒想到（連你也來，捷飛絡汽車養護〔Jiffy Lube〕？）。

這些荒誕不經的彈出式視窗有時很好笑，特別是在事情過了一陣子之後，而更多時候帶來的是震驚與痛苦。數位世界的不死本質讓逝者死了一遍又一遍，乃致這些深深的傷口好不容易結痂又重複被撕開。與其他透過《現代失落》認識的人相比，我算是小意思。有個男人很確定自己被谷歌地圖擺了一道，因為他查詢自己童年的住家時，看到了往生的爸爸正在除草；有個女人離線了幾個小時後才發現爸爸當天稍早死於車禍，而鎮上大部分的人早就在臉書談論這件事；有個媽媽一直收到學區寄來的電子郵件，提醒她要替孩子註冊幼兒園——這個孩子已過世多年。

這不是網路的錯，它本來就不具有對人的關懷。錯的是我們還不明白一次性的「節哀順變」留言或「哭哭」gif動圖，怎麼能觸發真實、臨場、有意義的行動。難的是搞懂死亡在未經篩選的墨西哥捲餅和寶寶照片串流裡，該被擺在什麼位置。那樣的串流讓我們很容易將感受區分開來，也忘掉哀慟會在網路上以不同的面貌出現。不只是Instagram上有著柔和色彩、逝去親人照片與勵志名言的發文，有時哀慟在線上的形式是一張以漂亮新鞋為主角的微笑自拍，因為貼出這張圖的人正在盡全力振作起來。有時什麼也沒有，有些人沒在數位平台上吐露心事不代表他們沒有痛苦。

網路既讓你失，也讓你得。因為它，我得到了無數找到慰藉與社群的方法，得以建立起自己的韌性。

舉例來說，網路是培養同理心的大好機會。在幾個小時之內，我們便能提供數千美元給突然陷入困境的家庭；不消幾秒鐘，在排隊買冷萃咖啡的同時，我們便能連署改革喪假政策。要不是協助發行一份線上刊物為哀慟去汙名化，我也根本不會寫這本書。這份刊物是個入口，透過行動裝置把人從孤立中拉出來；它是個平台，讓大家即使不敢向最親近的朋友傾訴悲傷，也可以對素昧平生卻感同身受的聽眾盡情地一吐為快。

我媽媽差不多在臉書開始崛起時過世，所以我無法在任何時刻想到就去翻她的發文，那裡一定有很多社會正義宣傳活動，並且不小心被「糖果傳奇」（Candy Crush）邀請洗版，我會邊讀邊笑。然而我在臉書找到了其他可以看到她的地方。我最喜歡的是「費城東北長大的猶太人」，這個非公開社團有超過六千名熱心成員，我雖然身為其中一份子，不過實際上並不是在費城東北長大的猶太人。這個社團不知不覺地成為了我的支持系統，以及了解她的管道。我記得在傑克熟食店吃午餐、放學後到「美國音樂台」（American Bandstand）攝影棚打發時間，或是到開普蘭商場買瑪麗珍鞋嗎？不。但一想到媽媽可能做過這些事就令人安慰，因為它們看來是很美好的回憶。我不知道有意義的支持該怎麼樣才能像萌貓圖片那樣占用網路空間（我對萌貓圖片沒有任何不滿，我愛它們），我沒那麼聰明。可是我知道沒有任何「按讚」能取代對話、擁抱或共享的雙份馬丁尼。所以與此同時，我會盡量善用網路，在谷歌日曆設定提醒，時間到了就與朋友聯繫，要記得他們離線時還是活生生地存在，偶爾也會想要老派地面對面好好聊個天。

漠不關心的網路依舊這麼煩人，我會一直不小心看到爸爸轉寄的冷笑話。一個快樂的往事回憶會從「時光機」（Timehop）裡跳出來。而我會發現自己期待另一封說要帶杏子雞過來的古老電子郵件，能夠神奇地找上我。有時我會不經意地開啟這些來自靈界的提醒，有時也會睜一隻眼閉一隻眼，因為它們讓我又愛又恨，帶來傷害卻又如此甜蜜。

我只得到這件爛T恤

My Husband's Death Went Viral, and All I Got Was This Lousy T-shirt

諾拉．麥肯納利（Nora McInerny）
創作於二〇一八年

每個人都會失去心愛的人，這不是威脅，而是事實。跟出生一樣，死亡是我們的普世經驗。在人類橫跨數千年的巨大歷史、文化和網路洪流中，失去與愛幫助我們透過空間與時間產生連結。

我丈夫死時傳遍了網路。

我們事先一起寫好的訃聞，從雅虎首頁到《紐約郵報》都看得到，傳遍網路是很糟糕的事，如果你讀了那些網站底下的留言就知道，像是後者就很會下「猛虎出柙」和「雞雞露出！」這類的標題。這代表你的人生（實際上真正的人生）變成了密爾瓦基的八旬老人會興致勃勃分享的那種迷因：穆斯林試圖「取消耶誕節」的虛構「故事」、「信耶穌的七條狗」清單體（listicle）文章，噢，還有你老公的訃聞。

你老公的微笑臉龐四處可見——呈現方式有的令人安慰（感謝漫威團隊在他最愛的漫畫《蜘蛛人：驚奇再起》書頁裡刊登他的訃聞）；有的令人不悅（當你親愛的丈夫還在世時，對你們倆很機車，現在卻在臉書上跟你丈夫稱兄道弟。我猜這些人對自己的兄弟大概都這麼機車吧？）。

這也代表你被推到了數百萬鍵盤網軍眼前（與手指前），他們很快就果斷決定要他媽的討厭你。不是因為他們全都是爛人（雖然有些的確是，而我不在乎人家怎麼評論我笑起來的樣子……開玩笑的，其實我內心很受傷），而是因為在愛引戰的酸民外表底下，他們很難過親人走了，世界卻還是繼續運轉。這些死亡沒有占據頭條新聞或臉書動態，就只是……發生了。「隨時都有人死啊！」他們說。「這個家庭有啥特別的？」

說得有道理。關於我笑起來的樣子，對，有時候看起來的確像馬，不過馬是雄偉又美麗的動物，所以如果你想羞辱我，最好再想點別的哏——另一個沒說錯的事實是隨時都有人死。雖然我會強烈反對，可是亞倫會告訴你他沒什麼特別的。他討厭「英雄」與「對抗」等字眼，他沒有在對抗癌症，他絕望地敗給了它，希望以小搏大。或者更好的狀況是像《小鬼當家》的主角凱文智取竊賊，設下足夠的陷阱讓這個爛腦癌踩到火柴盒小汽車滑倒、放火燒到自己，最後被他一直誤以為是恐怖殺人魔的鄰居老人拿鏟子敲昏。亞倫希望能有狗屎運。

我只覺得不公平，世界上有這麼多十惡不赦的混蛋會去猥褻兒童、犯下種族滅絕罪行，或穿著亮片牛仔褲與刺青圖騰緊身衣抽涼菸，得腦癌的卻是**亞倫**？沒道理呀！

而亞倫卻認為再公平不過。「為什麼**不是**我？」他會說。「這件事發生在我身上，是因為我**可以**應付。你會遇見我也是因為你可以應付。你會沒事的，而且確保我們的兒子也會沒事。」

亞倫生病前，我是個備受寵愛的人；至今依然如此，至少現在我知道這一點。除了七年級那一次，我要求的是「瑞秋頭」（the Rachel），得來的卻像是「經歷了麻煩離婚、面臨存在危機的六十五歲女人」之外，我的人生算是一帆風順。祖父母壽終正寢，父母恩愛，我大學讀到畢業沒背學貸。我很習慣這個世界依照我自己預期的方式敞開大門——有求必應。

用顯微鏡來看，我丈夫的病與離世，既可憐、悲慘又非常不公平，年輕又剛結婚生子的好人不該死於可怕的疾病。不過用更大的框架來看，我們算是好過的了。

亞倫得到了需要的治療，因為他有份提供絕佳保險的好工作，而且公司對他諸多關照。每次我們去醫院，都會遇到狀況更糟的人——不治之症先讓宿主經濟困頓、情緒崩潰，最後再要了他們的命。我們看見一間間的病房裡躺著孤單衰弱的病患，從來沒有人去探望他們或握住他們的手，候診室裡的每個人似乎都早已放棄希望。沒錯，亞倫的癌症已經第四期，但我們會躺在他的病床上，跟朋友一起吃高檔餐館的有機草飼漢堡，同情隔壁男子必須吞下醫院難以下嚥的食物，他當晚唯一的陪伴是《宅男行不行》（*The Big Bang Theory*）的卡司。

亞倫過世時，有大到不行的安全網接住我們。後院階梯常常有人留食品雜貨；每次下雪，走道都有人清。線上募款活動的參與者，比我這輩子認識的人加起來還要多。我的收件匣（從電子郵件到臉書）滿滿都是安慰與愛的訊息，有的甚至是我不懂的語言。

除了親友，我們擁有周遭數千名陌生人的關愛，他們透過我跟亞倫在他死前一起寫的訃聞找到我們。在訃聞中，我們透露他的死因是被具有放射性的蜘蛛咬到，而他的祕密身分是蜘蛛人，甚至還提到蜘蛛人的第一任妻子——關・史蒂芬妮（Gwen Stefani）。這名我遇過最有趣的男人，本來想把最後的私人笑話留給親友，結果它被以前、現在與未來都無緣認識亞倫的網友傳遍世界。

這些行動就像小小的燈，在黑暗中點亮了一條道路。很多人設身處地為我著想，用心讓我知道自己有被看見。不只是按讚之後繼續往下滑，而是懂我當下的感受。

「我正在失去兩條手臂，不過似乎沒人注意到。」亞倫死後一個月，我在日記裡寫下這句話。周遭好多人缺了手腳卻沒被注意到，我們要怎麼找到彼此？網路。總是有人跟我分享他們的幽靈四肢：意外死亡的孩子、苟延殘喘的重病丈夫、了結自己生命的朋友和兄弟。不是每個人都想得到回應或網路友誼，他們只是想被看見——世界上能有另一個人知道他們的故事——因此我把每個故事都當作是榮譽。我看見了你破碎的心，陌生人。我把它們都收藏了起來。

亞倫的愛與死帶給我許多收穫，像是持久地喜愛凱莉．克萊森（Kelly Clarkson）、迷上《魔法奇兵》（*Buffy the Vampire Slayer*），以及了解自己的身體裡並沒有特別的骨頭。

我可能不覺得這一切很公平，卻很清楚我們有多幸運。亞倫的死沒有比同一天死去的任何人還重要，他們默默離開這個世界，沒有成為推特的趨勢話題。我沒有比其他失去丈夫和孩子父親的女人還特別，她們試圖把過往的碎片拼湊成新的生活。對我而言，活著已足夠了，能偶爾梳頭髮並記得噴體香劑、用盡全力愛我所愛的人，並提醒自己即使是那種會在你丈夫訃聞的故事底下留惡毒言論的酸民，仍是一個有媽媽愛他的人。

每個人都會失去心愛的人，這不是威脅，而是事實。父母會死去，愛人會死去，連你還沒有生下來的孩子總有一天也會死去。你的咖啡師？你的狗？你的來福車司機？他們某天都會死！跟出生一樣，死亡是我們的普世經驗（還有九〇年代女孩的「瑞秋頭」）。在人類橫跨數千年的巨大歷史、文化和網路洪流中，失去與愛幫助我們透過空間與時間產生連結。

各位酸民，這些感言要印在T恤上太長了，但它們還是特別得不得了。

電子郵件囤積狂的告白
Confessions of a Gmail Hoarder

布萊恩・施泰爾特（Brian Stelter）創作於二〇一五年，原標題為〈大衛・卡爾的「永恆圖騰」〉，原刊載於現代失落網站

當我重新讀他的電子郵件時，彷彿可以聽見他以那難忘的聲音唸出每字每句。全都是一些瑣事，他的愛與精神在字裡行間表露無遺，即使錯別字層出不窮。當記憶衰退時，Gmail的封存系統就是最好幫手。

當我重新讀他的電子郵件時，彷彿可以聽見他以那難忘的聲音唸出每字每句。我最喜歡的一封，應該是二〇一三年十二月十九日的「你想我嗎？你知道你想，賤人。」

只有大衛・卡爾（David Carr）會寫這種內容給我，最後還加上《絕命毒師》（*Breaking Bad*）的哏。

我離開《紐約時報》一個月後到CNN任職，當時大衛還在《紐約時報》寫全美最有影響力的每週專欄探討媒體革命。大衛是個了不起的人物，也可說是《紐約時報》的吉祥物——活生生地代表了其新聞價值、企圖心與人性。他是許許多多年輕記者的慷慨導師，也是我在《紐約時報》最想念的人。

大衛的電子郵件告知我最新消息——有些如他所述很「辛辣」，有些則是同事來來去去的蠢八卦——以及重新安排的聚餐計畫。全都是一些瑣事，他的愛與精神在字裡行間表露無遺，即使錯別字層出不窮。

最後一封於二〇一五年二月十一日出現在我的信箱：「在泥辦公事錄安庫。」翻譯：大衛在樓上錄安德森·庫柏（Anderson Cooper）的專訪。

我沒回覆，而是趕緊上樓到梳妝間隔壁的來賓等候室。我們聊個沒完沒了，依依不捨地道別時，他給了我一個大大的熊抱。

隔天晚上，大衛在《紐約時報》總部主持完有數百位觀眾的座談會後，返回他位於四樓的辦公室時，突然倒地不起，就這樣走了。法醫後來說他有肺癌，死於其併發症。如今他已離世，我才回去重讀他的電子郵件尋找新意義，它們是二十一世紀現代父子兼師徒關係的紀錄。有時署名「親一個」，有時空白，只有一行標題：

「最近怎樣？」「你媽還好嗎？」「在辦公室？」「讀一下信」，最常見的是「有空打給我」，並附上電話號碼。

我在二月十三日醒來時得知他的死訊。回想起來，我也是以差不多的方式得知爸爸的死訊——在床上、天亮前、日期是二〇〇一年二月十日，當時我十五歲。

不同之處在於告知我爸爸死訊的人是媽媽。她在我身旁躺下來，強忍著淚水，試圖以最和緩的方式透露噩耗。大衛的消息則來自一連串多達一百五十則的電子郵件、簡訊與推文。我的震驚無法以言語形容，妻子看到她的手機通知時不禁尖叫。我一看自己的手機就知道為什麼了，在螢幕上一片「我很遺憾」的簡訊中，「大衛」這兩個字一再出現。

這些人直接來找我（在我的手機關靜音時），因為他們知道我跟大衛情同父子。不過，若他還在世，我不確定自己是不是能說得這麼肯定。對我而言，他的確像父親一般，自從我的親生父親死於心臟病後，他就是最接近父親形象的人——但我們曾經講過這件事嗎？我在電子郵件裡遍尋不著痕跡。說真的，大家心照不宣。

這些電子郵件加強了我的記憶。封存信箱裡的第一封是在二〇〇七年（當時他還在用AOL帳號！），我加入《紐約時報》後沒幾個月。我記得自己一開始很怕大衛，直到我重新讀這封信，才想起來我克服了緊張情緒，邀他一起吃午餐。

隨著時間過去，電子郵件顯示出我們籌劃了「西南偏南」（SXSW）派對，交換有關報導來源的資訊，在私生活不順遂時向彼此尋求建議，如何面對難看的分手？該怎麼跟編輯溝通？當記憶衰退時，Gmail的封存系統就是最好幫手。

我多希望自己跟爸爸的關係也能有這樣的郵件做為數位紀錄，不過爸爸唯一擁有過的，是我幫他設定的商務電子郵件帳號，那是透過撥接數據機才能上網使用的過時AOL帳號，當時Gmail還只是天馬行空的想像。

另一方面，大衛的數位歷史只要按幾個鍵就可以瀏覽，雖然看到他的臉書還在線上是種很奇怪的感覺。他最後的幾則發文之一寫道：「布萊恩．威廉斯（Brian Williams）不該被美國國家廣播公司（NBC）開除。」所以現在他的頁面看起來就像媒體界的時間膠囊——但我很慶幸它存在，那些電子郵件也是。幾個月前，我們的一個共同朋友說她也在重新讀大衛的訊息，她讓我開始思考數位紀錄的價值。

「我絕對不會刪掉它們，」她在電子郵件中說道，「我覺得他彷彿就在另一端。」

這十年來我累積了七萬五千封Gmail訊息，而且還在不斷增加。我太太不會像我這樣囤積電子郵件，不過她很高興自己保留了大衛寄給她的那一封，當時我正面臨人生兩大變動——跟她結婚以及加入CNN。

再次回顧時，我不禁注意到這封電子郵件沒有錯別字或縮寫。「我很樂見接下來的發展，雖然要拉長一點時間來看，」他寫道，「在布萊恩做出的所有選擇當中，你永遠都會是最重要的。」

在二〇一四年二月二十二日的婚禮當晚，大衛很早便抵達我們在費城的飯店場地，並且待得很晚，他忙著跟我的親人照相，臉上掛著父親般的驕傲笑容。稍早，我送了一封情書與一條項鍊到新娘房給正在準備進場的潔咪。很貼心，對吧？

直到最近重新讀他的電子郵件，我才想起來誰是背後功臣。

二〇一四年二月十九日來自Carr2n@gmail.com：「在她進場前，派花童送個小首飾過去，這樣她就能擁有婚禮的永恆圖騰。」

無法復原
Unrecovered

梅格．坦西（Meg Tansey）
創作於二〇一八年

哀慟的過程經常讓人恍然大悟，原來哀慟並沒有所謂的終點，比起它的漫長，我更有感觸的是它無所不在。生命中的里程碑都伴隨著哀慟，它永無止盡而且不斷改變，我也在變，如今習慣成自然。

媽媽過世後一年，家裡幾乎所有設備都壞了。我一直處於深受打擊、筋疲力盡的狀態，現在連爐子和洗碗機都不能用。我們的熱水器破損，水漏到樓下鄰居的臥室；暖氣系統也不知怎麼搞的，害得大樓的主樓梯出現一道瀑布。

我父親是個工程師，他可能會歸咎於合理的原因：老舊磨損或是點火器失靈。但他也過世了，於是我自作主張地解釋成來自宇宙的課題和懲罰。我想像它對著我說，這就是沒有了母親的生活：骯髒的碗盤、冷掉的食物、不存在的暖氣。

無可避免地，我陷入了自怨自艾。差不多在母親過世時，世界另一端發生了地震並引發土石流。比我更具有關注度的孤兒們，充斥著網頁動態牆，就在這樣的情況下，我打電話給親朋好友，並跟媽媽認為「盡善盡美」的那間殯儀館聯絡。我會看著電視、聽著慰問話語，心想，你知道我為誰感到遺憾嗎？那些親人和財物都被沖走的六歲孩子，還有我自己。

我們把所有設備都換了，有一陣子感覺家裡唯一損壞的東西是我，直到我的硬碟掛掉，裡面的資料還沒有備份到新系統（對，舊的備份系統一併被淘汰了），一切都沒了，包括我懷孕時跟媽媽的唯一合照。

那張照片是臨盆前最後一次家族出遊，在紐約植物園拍的，那兒往往是我們的「城市」聚會點；植物園的好處對我來說是它在城市裡，對我母親和妹妹則是它感覺不像在城市裡。我們一起吃午餐、觀賞花卉，我與妹妹開母親和彼此的玩笑，這是我們家溝通的主要方式，然後我說服不愛拍照的母親跟我合照。一整趟下來加上交通時間頂多四個小時——完美的家族行。

接著我開始規劃寶寶出生後的第一次出遊，但是母親一直治不好的感冒突然嚴重惡化。我才剛告訴她「櫻花快開了」還不到三十六個小時，她就因肺炎被送進加護病房，主治醫生跟我說「她是全醫院病得最重的人」。

失去那張合照讓我開啟了另一段全新的哀悼過程，而且比第一段還強烈。之前我有很多事要做：照顧寶寶、辦理後事。現在寶寶會走了，偶爾有保母來幫忙，我有一大堆的時間可以崩潰。我睡不著、大哭、自責、怨天尤人。我拖著筆電到任何可以修的地方，把它運到據說承包過國防部案子的專家那裡。當大家警告我救回資料的費用可能會很高昂，我說出了這輩子從來沒說過的話：「價錢不是問題。我是認真的。」

在加護病房的那個月，讓我體悟到科技是有極限的，因此檔案怎麼樣都救不回來，不是太令人意外。一開始對專業人士的信心澈底瓦解；一邊聽著過度仔細的技術性解釋、一邊點頭，不過其實根本不懂也記不得；有些人臉上的表情就是會讓人忍不住在上班時對他們訴苦——這一切都再熟悉不過。

該怎麼總結我跟母親的關係呢？我非常愛她，她也非常愛我，而我們是很不一樣的人。在我的肚子大到外套扣不上的那張照片中，我們正要成為更相似的人，至少短期來說是如此，像是餵母乳與戒電視——母親這個身分讓我們意見一致。

大家會開玩笑說很怕自己變得跟母親一樣，可是對我們而言，有一些共同點是好的，至少我這麼認為。我沒有天真到相信身為人母就能消除我們之間的差異，或是解決原本就存在的問題，卻也沒有笨到對眼前的機會視而不見；這是母女關係踏入新階段的機會。

你先是哀悼你擁有過的關係，然後哀悼你可以擁有的關係，原本在未來可以擁有的關係，你的孩子可以擁有的關係。當我失去那張照片，我開始真心哀悼後者，即使自己沒有意識到這一點。

哀慟的過程經常讓人恍然大悟，原來哀慟並沒有所謂的終點——經過十二個月、經過你的生日、經過他們的生日。比起它的漫長，我更有感觸的是它無所不在。每一份新工作、第一天上學、生命中的里程碑都伴隨著哀慟，它永無止盡而且不斷改變，我也在變，如今習慣成自然。我很驚訝自己大部分的時間都為此心懷感激，我不需要照片來提醒我曾經擁有、失去與不斷失去的東西。

阿姨在亞馬遜網站上的分身

Meeting Patricia, Aunt Esther's Amazon Alter Ego

喬伊．薛尼拉（Joey Chernila）
創作於二〇一五年，原刊載於現代失落網站

在那個空間，最平凡無奇的物品都有它的用處。書本（即使很難看）成了她回憶青春與家人的方式；計算機成了致富的方式；長得像威廉王子的茶杯讓生活變得迷人。

當伊絲特阿姨在二〇一一年夏天過世時，我們知道必須去處理她的公寓，但沒料到的是，每個房間都是從地板堆到天花板的亞馬遜網站紙箱。

整頓的工作落在我哥哥肩上，他當時住在附近。要進入兩個主要房間之前，他還得先把囤積在走廊兩側的箱子推開。這些房間也一樣堆滿了亞馬遜紙箱，很多都尚未開封。他花了好幾個月的時間重新包裝沒使用過的物品，不斷回報這些**東西**的慘劇。她為什麼需要數百台袖珍計算機？還有數十本教你在賭場贏錢的書？

到底為什麼？

伊絲特阿姨死後，我才跟家人透露自己知道她的另一面。不是那一個把自己關在屋子裡、衣著寬鬆、讓我們都很難喜愛的胖女人，而是「派翠西亞」。她多年來在亞馬遜網站上為各種商品寫長篇評論，從書、袖珍計算機、製冰盒，到一箱箱的糖，什麼都有。我一直偷偷地在追蹤她的評論並留言，成了她的頭號粉絲。

我第一次看到「讀者」派翠西亞寫的評論是在二〇〇七年，她為一本老舊的繪本寫下好幾個段落的熱心分享文。我會搜索這本書而意外看到書評，是因為伊絲特阿姨當時給了我的女兒們一模一樣的書，她總是給我一種活在自己世界的印象，我們之前談話都很簡短，聊的經常是她最愛的話題：英國王室家族與一九六〇年代肥皂劇《黑影家族》（*Dark Shadows*）。我去皇后區看她跟外婆時，她大部分的時間都坐在電視機前，因此我們幾乎沒有什麼互動。

當我偶然在亞馬遜看到那則超長書評之前，對她的生活所知甚少。然而書評的內容不但十分坦率，還把她的童年描述得鉅細靡遺，我能夠用媽媽告訴我的故事拼湊出事實，她們一起在一五三街的公寓長大，伊絲特與她的母親在那裡住了五十年。儘管如此，我讀了幾次才發覺派翠西亞與伊絲特阿姨是同一個人，不過我沒有把這件事說出去，只藏在心裡，當作是她的另一個怪癖。

她這麼介紹一款單手開罐器——很可惜地，自二〇〇七年這則評論出現後，它在市面上銷聲匿跡已久：

我目前住在「不能養寵物」的大樓，這一點有好有壞。此「一鍵開罐器」（雖然很明顯是個無生命物體）可以輕而易舉地取代寵物，同時兼具優秀的開罐功能！因為在它繞著圈圈打開罐頭時，會做出「扭來扭去」的討喜動作……跟水裡的魚沒兩樣！

這則評論的標題是：「而且……它還……可以……開罐頭呢！」

瀏覽過派翠西亞在二〇〇四至二〇一一年間發表的七百多則評論後，她的某些喜好變得顯而易見，像是《異形帝國》（*Alien Nation*，影集，「不是電影」）；英國王室家族的杯墊與馬克杯；教你用袖珍計算機破解賭場輪盤的書；袖珍計算機、罐頭魚，還有糖果條。伊絲特死後，這些看似毫不相關的物品成了未解之謎。至少，沒有世界最大線上零售商的幫助是解不開的。她為什麼要評論這麼多種製冰盒？還有開罐器？我讀了很多更深入的評論，試著理出頭緒，卻是徒勞無功。

再來，很多商品就算派翠西亞買不起或不想買，她還是可以寫下評論，像是以下這則有關電影《女同志吸血鬼》（*Lesbian Vampire Killers*）的後期評論：

這部電影充滿血腥、暴力和慾望（我是沒看過啦……我有讀其他人的評論）。它唯一的可取之處，就是（總的來說）觀眾一定常常待在家中或朋友家中……遠離街道！……我強烈懷疑它侮辱了真正的女同志，以及真正的吸血鬼（如果他們存在）。

你會以為這篇文章是她身為網路評論家的巔峰之作，不過派翠西亞最輝煌的時刻，是在她偶然發現新奇的獨角獸肉罐頭。我只能想像她在亞馬遜搜尋真正的罐頭肉時看到了這個產品。派翠西亞感到憤怒又反胃，毫不客氣地只給了兩顆星：

我本人並不是素食主義者，而是驕傲又快樂的雜食動物（肉跟無肉產品都吃），連小牛肉都不放過！

然而，獨角獸肉真的太超過了！這些稀有又美麗的生物要是真的存在，不應該被殺害／或被吃！至少也要等到證明有一千多隻再來說！如果這個產品只是個玩具，還是會教壞孩子（與成人）。

這則評論引發了三頁可觀的留言論戰，質疑派翠西亞是來亂的。派翠西亞力抗那些惡意批評者，最後端出架子：

> **我好歹寫了六百多則亞馬遜評論、三千多首樂曲——雖然，唉，目前都尚未發表——當然會比較敏感。**

派翠西亞評論的語氣總是充滿希望又體貼細心。對我而言，這是一扇得以窺見伊絲特阿姨世界的窗，在我們私底下簡短又略顯負面的互動中，很難做到這一點。在她的第一則評論中，派翠西亞談到了自己跟比較世故的妹妹（也就是我母親）之間的關係時而緊張，但是她們都很喜歡一本有關階級與地位的書。在其他地方她述說了童年的回憶、寂寞的心情，以及渴望被人需要與帶來幫助。

伊絲特常常一個人待在公寓裡，而在那個空間，最平凡無奇的物品都有它的用處。書本（即使很難看）成了她回憶青春與家人的方式；計算機成了致富的方式；長得像威廉王子的茶杯讓生活變得迷人。每一樣東西，不管再微不足道、品質低劣、陳舊過時，都讓伊絲特有分享經驗的管道。

當然，她可能在尋找完美的袖珍計算機，不過我認為她也在尋找能夠欣賞這些發現的讀者——即使我是唯一的那個。

在她過世後的那幾個月，我讀了又讀派翠西亞的每一則評論。當我向家人透露這件事時，他們也得以了解這名難相處又話不投機的親人，擁有另外一面。一直到這場悼念的文學盛會，我才有機會做早該在她生前做的事：「這則評論對你有幫助嗎？」亞馬遜網站最後這麼問道。有、有、有。

遇見失落，你可以這樣做

哀慟常用詞彙

A Brief Guide to Griefspeak

有些語言可能不會出現在諮詢手冊，不過我們認為你還是應該知道。

矛盾罪惡感（Ambiguilt）：

對家族成員的死亡感到矛盾的罪惡感。人際關係很複雜，也沒有人是完美的。

忌日（Anniversary）：

永遠跟快樂的里程碑扯不上關係的日子，會引發你對某個逝者的強烈苦甜回憶。副作用包括沉思、淚水與不恰當的情緒爆發。

忌日季（Anniversary season）：

當數個忌日在短時間內撞期（重複的包括死亡紀念日、診斷紀念日與整個度假季節）。這個時候最適合看Netflix、來一趟說走就走的旅行，以及跟懂你的朋友在一起。

走出來（Closure）：

一種屹立不搖的迷思，使用這個詞的人根本不知道自己在講啥。

收拾不了殘局（Clutterstruck）：

沒有能力丟掉死去親人看似無意義的物品，害怕之後會出乎意料地發現它們無可取代。

比較（Comparisons）：
別人為了讓你好過一點而大談闊論自己的事。（方程式範例：「我的失去，大於等於你的。」）

黑色幽默（Dark Humor）：
現在讓你發笑的事，可能讓其他人覺得很可怕。忽視他們。

可食花籃（Edible Arrangement）：
用水果串做成的花籃。經常與花束一起收到以替代實際安慰，中央可能會有棉花糖。

羨慕嫉妒恨（Freudenschade）：
當你看到陌生人與母親共進早午餐，而你的媽媽已經不在時所產生的刺痛感。

反義詞：恨嫉妒羨慕。

火腿（Ham）：

美國中西部的死亡之肉，經常提供給喪家。

其他變化包括砂鍋菜、炸雞、葬禮馬鈴薯、烤通心粉、果凍沙拉與厚片蛋糕。

哀傷燻肉（Kummerspeck）：

結合了「kummer」（哀慟、哀傷）與「speck」（一層脂肪、燻肉）的德國詞彙。沒錯，直譯就是「哀傷燻肉」，意指經歷失去後增加的過多體重。

清單（Lists）：

你死命依賴的組織方法以保持精神正常。

「醒來、呼吸、洗臉、吃飯、喝水、洗澡、穿衣服……」

星期一（Monday）：

一個看似無害的日子，表面上跟其他日子沒兩樣，但你還是感到失落。如果這一天沒有落在節日或其他重要日期，大家可能會忘記。

哀悼幻影（Mourn Mirage）：

某個陌生人跟逝者長得很像，導致你跟在他們後面走了好幾條街，只為了可以接近他們（一點都不詭異）。

反向安慰（Reverse Comfort）：

在討論這個尷尬的主題時，你需要從別人身上得到、可是別人默默期待你給的東西。

溫馨提醒：不是你的工作。

傷心貼文（Sadbooking）：

發佈逝去親戚的舊照，然後對沒有在下面回表情符號的人感到憤怒。

睡眠？哈哈（Sleep? LOL）：

很有可能難以捉摸，特別是在關鍵日期前後。（請見「忌日」、「觸發點」、「星期一」。）

觸發點（Triggers）：

任何把你帶回黑暗深淵的東西。經常以看似無害的形式出現，像是紙條、愛黛兒（Adele）的歌，以及其他愛黛兒的歌。

爆哭（Ugly Cry）：

痛哭流涕伴隨著一張腫臉、噴發的黏膜與花掉的睫毛膏。眾所皆知會毫無預警地襲來，且都恰好在工作面試和首次約會前。

醒來的夢魘（Wakemare）：
做了有關逝者的美夢，清醒之後才（再次）想起他們已不在人世。

噁心的捧腹大笑（Yuck yuks）：
經歷沉痛的失去後，第一次發現自己笑彎腰時那種混合震驚、內疚與如釋重負的感受。

祕密：他們沒跟我們說的事，以及我們沒說出去的事

Secrets: What They Didn't Tell Us, and What We Aren't Telling Others

序言 Introduction

嘉貝麗・柏克納（Gabrielle Birkner）

我父親賴瑞與繼母露絲在各自有婚姻關係的狀況下相遇並陷入愛河，他們跟原來的配偶離婚後，很快地結為連理，接下來十五年十分恩愛，直到死亡將當時五十四歲及五十五歲的他們帶走。

我提到他們先前出軌這件事，不是為了中傷這對超棒的父母、忠實的朋友、傑出的專業人士，以及守法的公民。他倆活躍於思想界，經常提倡讓周遭事物變得更美好，並為了達到這個理想不遺餘力。我想承認長久以來被視為禁忌的事實——我父親和露絲，跟世界上所有人一樣，並不完美。

他們被殺後，多年來我一直覺得有必要保守祕密，不讓他們的名聲受到一丁點玷汙。我會告訴所有人（朋友、朋友的朋友、轉角酒舖的老闆、史泰博的店員），在我五歲時，爸爸為我蓋了娃娃屋，每個小房間的壁紙都是由他親手貼上；而繼母是在愛荷華州的鄉村地區長大，在十三個孩子中排行第六，她自食其力讀完大學，並繼續唸到MBA。還有在我大學畢業前夕，他們在蘇斯博士（Dr. Seuss）《你要前往的地方！》（*Oh, the Places You'll Go!*）的書名頁題了一首最完美的詩。不過我不太會提到爸爸舞跳得很差（早在主題標籤「#老爸跳舞」出現前就顯然如是），或是繼母的幽默感很俗氣（很恰當地，她把這一點歸咎於自己在玉米田裡長大）。

早年對婚姻不忠絕對是應該隨著他們下葬的祕密。我覺得他們死後必須毫無瑕疵，即使沒有任何活人做得到。我很害怕引起錯誤的指責，也擔心整起悲劇會因為主角是凡人並非聖人，而變得沒那麼可怕。

或許那是因為我們活在一個不羈的世界，還說服自己可以憑意志力控制它。如果聽到某人被診斷出肺癌，會想要知道他是不是有抽菸。如果讀到致命車禍的新聞，會質疑死者是否有繫安全帶，或是否有任何該做而未竟之事才導致意外發生。如果聽到謀殺案的消息，會對受害者的生活方式進行各種揣測。

即使生活方式與死因毫無關聯——我爸爸和露絲的遭遇可能發生在任何請過水電工、園丁來家裡的人身上——我們還是會找出可以說得通的理由。連在流彈與汽車炸彈無差別殺人的戰爭中，大家一樣會尋找不存在的模式，以解釋為什麼有的人被奪走性命、有的人安然無恙。如同湯瑪斯．佛里曼（Thomas Loren Friedman）在他記錄黎巴嫩內戰的著作《從貝魯特到耶路撒冷》（*From Beirut to Jerusalem*）中寫道：「我會聽到人們談起莫名其妙被炸死的鄰居：『這個嘛，你知道他住錯邊了，那邊比我們這邊更加暴露在外。』……或『他不該在停火後十五分鐘開車出去；應該要等二十分鐘——大家都知道要這麼做。』」⑮

這種合理化的意圖不會讓死亡看起來沒那麼悲傷，只會讓所有人覺得沒那麼容易輪到自己，至少在編造的規則沒被打破之前都是如此。

父親與繼母被殺前的一年多，我在報社的第一份工作中首度進入了哀慟與祕密的十字路口。我跑的第一條線是「死亡線」，也就是訃聞。依照官方標準，訃聞也是新聞，即使很少含有在方圓五里外被視為新聞的內容——唯一算是半個例外的，是我為一九九〇年代情境喜劇《家居裝飾》（*Home Improvement*）中，飾演鄰居威爾森（Wilson）的男演員，所寫的訃聞。每則訃聞都要遵循嚴謹的格式，包括日期與出生地，若逝者不到七十五歲又非「自然死亡」，必須寫出明確死因。若死因是愛滋病、自殺或意外用藥過量，家屬通常會要求刪去那個細節——由於地方新聞採訪部不允許我們這麼做，有些人便放棄免費的訃聞，改為付費給廣告部發死亡通知單。自從那些年以來，我了解到祕密會以各式各樣的方式讓哀慟變得複雜。

陷入哀慟的家屬會因為尊重、羞愧或害怕被責怪而替逝者保守祕密，也因為說死者的壞話仍是禁忌。在死後的重述中，我們避而不談他們可疑的政治活動、奪命的成癮症、喪失心神的恐懼症或飲彈自盡的死因。

逝者也有不可告人的祕密——有的我們永遠不會知情，有的我們某天讀了遺囑、清理公寓、結清帳戶或瀏覽臉書私訊才會發現。有時這些祕密是一種恩惠——例如原來她有二萬五千美元——但更多時候是負擔。洛杉磯的精神科醫生艾美・柯恩（Amy Cohen）告訴過我：「祕密是未竟事務，而哀慟總是被未竟事務複雜化。」

還有省略的祕密，像是我跟孩子提起他們無緣見面的外公時會做的事。**他已經不在世上。他的身體不再運作**。很悲哀，但只要加上一句樂觀的結論：「大部分的

⑮ 湯瑪斯・佛里曼（Thomas Friedman），《從貝魯特到耶路撒冷》（*From Beirut to Jerusalem*）。

人都過著長壽又快樂的人生。」這樣聽起來就沒那麼可怕。其他的祕密則有關我們、我們跟逝者的關係，或我們哀悼的方式。或許我們會耿耿於懷自己在他們生命的盡頭是否還可以做得更多。

透過參與由凶案受害者親友組成的非營利組織，我開始挑戰自己是否有必要述說完美的故事。來自各地的數百人在年會中齊聚一堂時，講者會跟大家解釋，不管受害者住在哪裡、跟誰住在一起，或於人生任何時刻展現出好或壞的判斷，他們都不應當有這種下場。就是這樣，句號。

我們是不完美的人以不完美的方式哀悼不完美的人；然而，這些不完美不會讓我們變得不值得同情，或是不能表達痛失所愛的哀慟。

我死去的丈夫是劈腿慣犯

My Dead Husband, the Serial Adulterer

蘿蘋・伍德曼（Robyn Woodman）
創作於二〇一三年，原刊載於現代失落網站

爛人不會因為死了就變得不爛，只是你不該講出來。現在我的怒氣已經煙消雲散，放下憤怒是我能做的最佳選擇，尤其是為了自己好。就算是爛人，也不代表不會被想念……終究是如此。

人死後會發生一件怪事：掩藏太久的祕密會像多年來沒被發現的癌症腫瘤一樣爆發。東一則謠言、西一封簡訊，讓某位朋友某天打電話來問：「如果我聽說麥克斯（化名）一件很糟糕的事，你會想知道嗎？」

我和麥克斯在一起五年，包含結婚兩年。我們住在南佛羅里達州，我販售醫療器材，麥克斯則是全美最大潛水學校的教練，他的學員會定期遠道而來完成高階認證。

二〇〇五年感恩節的早上，麥克斯和朋友一起到羅德岱堡附近的熱門潛點潛水；我在家裡等他，一邊跟親友講電話打發時間、一邊啜飲當季第一杯蛋酒拿鐵。同一時間，麥克斯在大西洋海面下約兩百尺處出了大事。

突然的敲門聲讓我嚇了一跳，更令人驚訝的是外面站著麥克斯的老闆，他衝進來要我坐下，表示有事情要告訴我：「發生了意外！我不知道情況有多糟，我們必須馬上去醫院。」

我記得自己很堅決地說：「不！」無論如何都不肯配合，然後癱軟在沙發上。在飆車去醫院的路上，我發狂似地打給我和麥克斯的雙親，腦中閃過各種可怕的情境。他會不會在高壓艙裡關上好幾個星期？經過這次意外他會不會從此衰弱？抵達後，我看見丈夫躺在不鏽鋼檯子上，全身發紫腫脹，防寒衣的水不斷地滴到地板。幾分鐘之前，他被宣布到院死亡。

最後，死亡證明上的死因為溺斃，而這項宣告根本無法解答最基本的問題，「到底出了什麼錯」。

事發後那陣子的每一刻都以慢動作烙印我的記憶裡。家人、朋友、潛水同好和陌生人都現身哀悼麥克斯——他們的到來鼓舞了我。

當所有人都在哀悼與歌頌麥克斯時，那個問題也冒了出來：「如果我聽說麥克斯一件很糟糕的事，你會想知道嗎？」

「想。」我喃喃地回答朋友，接著立刻嘔吐。

那件很糟糕的事是，過去我們在一起的五年之間，麥克斯擁有很多——真的很多——女朋友，從短暫的逢場作戲到長期跟潛水學員交往都有。原來他是所謂的「把妹高手」，只是剛好已婚。這個真相比我想的還痛，不知情更是令人無法接受，至今仍是如此。

對，我知道，你心裡正在想：「她怎麼能笨成這樣？怎麼會一直被蒙在鼓裡？」我也不斷反覆問自己同樣的問題，甚至到了厭煩的程度，但重點是，多數人劈腿被抓包是因為行為模式產生變化，我們之間看不出任何異狀。麥克斯從頭到尾都在跟別人約會，加上他經常出差，可以藉潛水之便不接電話，那個年代大家又比較重視隱私，社群媒體尚未風行，我的震驚可想而知。另外，我對他是全然的信任。真是個傻大姐。

有好長一段時間，我對麥克斯憤怒不已。我想要大叫大鬧，逼他為自己的行為做出解釋。我甚至想像他活了過來，讓我可以在他臉上揍一拳。治療師說我的哀慟過程「很複雜」。**未免也太輕描淡寫了吧。**

我沒辦法問麥克斯怎麼能做出這種事；再說，周遭的人都還在哀悼他。直到最近，我都只敢在私底下跟最親近的朋友和家人討論。我咬緊牙關撐過一段又一段善意的對話；雖然我想說的全都屬實，但是講死者的壞話還是不太恰當——特別是對他的親友，我認為他們受的苦已經夠多了。

另一個重點來了：爛人不會因為死了就變得不爛，只是你不該講出來。

我花了六年的時間原諒麥克斯，過了更久才坦然面對他的出軌。我對這個時間線既慚愧又驕傲，慚愧的是我竟然帶著怒意這麼久，驕傲的是我終於能夠放下。

我這麼看待麥克斯的出軌，錯不在我。麥克斯找其他女人來填補內心的空虛，是因為他沒有勇氣正視心魔。自第一次聽到他外遇後，我認清麥克斯有自己的人生課題要解決，而我剛好是底下的受害者。現在我的怒氣已經煙消雲散，反而替麥克斯感到哀傷。放下憤怒是我能做的最佳選擇，尤其是為了自己好。

就算是爛人，也不代表不會被想念……終究是如此。

我在寫這篇文章時，哀慟又湧了上來。我再次重新哀悼他，淚中帶笑地想起他為了逗我笑而做過的蠢事，也想起那年感恩節他去潛水之前的早晨，兩人相處的最後點滴。我很早就醒來，覺得雙腳冰冷，昏昏沉沉地拖著腳步走進廚房，此時他貼心地幫我從烘乾機裡找出保暖的襪子。我既然已經原諒麥克斯，也準備好原諒自己如此信任他，並為他的不忠承擔羞愧與罪惡感——這些無比沉重的負擔一開始就不該由我來扛。

練習不完美
Practice Imperfect

瑞秋・M・沃德（Rachel M. Ward）
創作於二〇一八年

當我們考量到每個人的差異性，以及死亡、心碎、侵害與不公不義在心中所占的位置，那些創傷不能被拿來放在一起衡量，我們只能以自身經驗去勾勒輪廓。

我很討厭不得不告訴你，我的丈夫在三十五歲過世，當時我三十二歲，我們只結婚三年。你可能在心裡理解地點點頭，想著：「她每次認識新的人就要再去經歷那一刻，傷口一定不斷再加深。」

你真是有同理心！也錯得離譜！不過，重點是你人很好，還是肯定我的良善天使。

這就是為什麼我必須很遺憾地報告，「我的天使都是混帳」。相信我。我一天到晚跟他們在一起，他們總是以錯的理由去做對的事。他們坐在我的肩上悄悄地說：「小妞，快窘迫地聳聳肩，若無其事地丟炸彈給這個可憐蟲。」

我把即將吐露的實情拿來當武器，天使假裝沒看見。一個已經講到爛的笑話哏讓他們咯咯笑，我說得理直氣壯，因為亡夫自己也很愛耍絞架幽默（Gallows Humor）。我最喜歡的是隨口稱呼他為「放棄者」，即使他在生命的最後一個星期備受折磨，心臟正因感染而快要爆炸，這並不是什麼輕鬆的死法。

這種策略很殘酷，但至少道出噩耗時，能讓我在對方人生中接下來的三分鐘裡教會他們一件事：你眼前這個人就是這樣。她絕不要自哀自憐，讓你很難同情她。她在白天控制自我，因為只要一到晚上，玩笑就開到自己頭上了！

我無法想像這個資訊的接收者作何感想。即使過了多年，我承認自己還是不願委婉地傳遞這個資訊。

身為被同情的人，我可以告訴你我看見了什麼。接收者的眼睛慢慢往外凸，就像咕咕鐘的機械獵人，以一個流暢的動作提起前臂，舉到張成O形的嘴邊。剩下的句子逸出時，像是被揍一拳之後吐出來的氣：「我很遺憾聽到這個消息。」鴻溝就此產生。

不過，從另一方面來看，我也可以稍微想像這個資訊的接收者作何感想。不是沒有人跟我說過發生在他們身上的壞事，只是如果我先把自己的壞事說出來——無可避免地會是如此，因為我的臉就是藏不住，會從嘴巴與眼窩洩漏——立場就會永遠改變。

我要是先透露自己的祕密，就會成為哀慟專家、哀慟名人。我贏了比賽，但較量的不是技術、力氣，而是衰運。接下來，不管你提到自己有過什麼創傷都顯得白目或毫無意義了。

離婚、失去父母、童年寵物被安樂死，以及最近回家一趟才得知高中男友的死訊，我看著你即時重塑這些實際發生過的悲劇。你的自白要不是哽在喉頭，像動力不足以越過斜坡的雲霄飛車，就是從你的嘴角滴落，像凱蒂・荷姆斯（Katie Holmes）尷尬地承認她對道森（Dawson，凱蒂・荷姆斯主演影集《戀愛時代》〔*Dawson's Creek*〕主人公）的愛那樣（我知道「道森」不是他的真名，但我不會去谷歌確認他的姓名大小寫以及字母順序對不對。）

看著那股擔憂蔓延你的臉龐，我真的覺得好累、好累。因為當一個哀慟名人會筋疲力盡，我試著找出方法來好好說這個故事，卻總是失敗。甚至不僅於此——我覺得**無聊透頂**。我對自己吐的苦水感到厭煩，我不想再被當作他者，也不想再贏這個爛獎品——擁有最大、最悲傷的祕密。

為什麼這些失去總是像祕密一樣見不得人？為什麼總是變成自白？我算是幸運的——曾經寫過一篇文章，社交圈外圍有很多人讀過，現在有時在派對上，朋友的朋友會說：「喔對，我讀過你的文章，真的很遺憾。」這樣至少我不必糾結該不該把自己的事情說出來。

當然，我可以**不要**把它當成祕密。我可以練肌肉，挺起胸膛，而非縮著肩膀，任由哀慟在胸口的空洞裡散發強烈寒意。我可以更委婉地透露消息，或至少讓下巴的剛毅線條變得柔和。或是我可以選擇完全不要再講這個祕密，我可以趕走這些壞天使，把這個細節列入個人傳記最底下的小小條列式清單，不要讓它成為主題句。我可以製作T恤。

然而我很懦弱，也很悲傷，所以寧願改變整個系統，我寧願把悲劇排名那一套全部摧毀。我在此徵召你，同志。幫幫我！當我們見面並聊到那一刻時，也請你挺我。告訴我，你人生中最悲傷的事，沒有孰輕孰重。搞不好我們都會拿到印著「社會化同情正夯！」的T恤。

因為當我們考量到每個人的差異性，以及死亡、心碎、侵害與不公不義在心中所占的位置，那些創傷不能被拿來放在一起衡量，我們只能以自身經驗去勾勒輪廓。

祕密就在此：「每個人的心中都有陰影。不同的名字、相同的程度。每個人的生命中都有最巨大、最悲傷的往事。」我只是很不會隱藏，你可能也是。

得獎的是……

And the Oscar Goes to ……

凱瑟琳．芬納利（Catherine Fennelly）

創作於二〇一八年

我的客人不會想聽到這些，如果我可以掏心掏肺，客人一定會逃之夭夭。有時候，我為了應付客人而編造出這個完美又方便的世界，罪惡感會排山倒海地襲來。我或許會肝腸寸斷又鼻青臉腫，但我還站著，準備戰鬥。

我本來是個理髮師，現在卻成了演員。

當我在位於波士頓和鱈魚角中間的髮廊站了一整天，以下是我的日常獨白：

「噢，你有兩個小孩？分別是十七歲和八歲？那很好呀。我有三個孩子。其中兩個是五年級和八年級，最大的去北卡羅萊納州唸維克郡社區大學。他在二〇一五年畢業，現在在波士頓當安全主管。他之前在布倫特里（Braintree）的甜甜圈連鎖店做得非常好——老實說，他在為一群老顧客倒咖啡的那個時期最開心。小孩子就是這樣啦！」

我知道，聽起來我還是名理髮師，但如果我把內心的獨白講出來，你還會這麼想嗎？真實的版本是這樣的：

「你有兩個小孩？那很好呀。我有三個孩子，但大兒子保羅因服用芬太尼（Fentanyl）過量而死。當時他二十一歲。對，我知道他有毒癮。對，我竭盡所能幫助他，可是我的愛不足以拯救他，他最後還是死在某人阿靈頓（Arlington）的公寓裡。」

我的客人不會想聽到這些，不管是男是女都希望我當個紙上談兵的治療師，專心地「修一下就好」或「將兩側鏟短，頭頂留一指的長度」，然後閒聊一些可以在吹乾頭髮前方便結束、聊過即忘的話題，所以我會講他們想聽的事。我告訴他們我有多驕傲兒子好不容易拿到企業管理學位，人生有著大好前途；而不會說我很驕傲自己兒子生前是個善良又貼心的孩子，奮力與心魔搏鬥了八年卻輸了；也不會說我是個……呃，形容喪子母親的那個詞是什麼來著？

編造故事簡單多了，要不是物質使用疾患奪走他的性命，要不是他深受躁鬱所苦，覺得這個爛世界容不下他，我兒子本來可以過很好的人生。尤其是應付那些頭髮被鋁箔紙包著、坐在那裡抱怨「一堆該死的毒蟲在大街上到處晃」的女士們。

如果我可以掏心掏肺，客人一定會逃之夭夭。

你一定在想，她為什麼不讓自己放個假，別去面對這些鳥事？何不到偏遠山區健行或展開瑜珈之旅來尋找內心的平靜？相信我，我也希望能放下工作，好好悼念兒子，可是經濟狀況不允許。不是每個人都有錢去沙灘，對著海大叫。保羅的葬禮過後三天，我就一身黑衣（我第一次不在意穿這個顏色）回到工作崗位，在晚上和週末替人剪鮑伯頭；我丈夫也回去施工，我們必須為自己和兩名幼女付房租。我們總是瀕臨被趕出去以及車子被收回的邊緣，沒有時間哀悼。

有時候，我為了應付客人而編造出這個完美又方便的世界，罪惡感會排山倒海地襲來。不知道天上的保羅聽到我假惺惺地說個沒完沒了，是不是憤怒又受傷，問：「媽，你感到羞恥嗎？我是不是讓你很丟臉？」一想到這裡，我的心都碎了。

不過，我也不時遇到椅子上的客人可以懂我。如果你善解人意，從事大眾相關工作，甚至在對方開口前就能察覺到不對勁。我知道誰可以接受事實、誰不能。就像某位男士，他告訴我要帶年幼的孫子們去度假，然後無奈地透露他因為女兒過著一團糟的生活，不得不幫忙養孫。我完全了解他的感受。還有年輕人拉起袖子給我看手臂上的圖案，那是一個天使懷抱著哭泣又破碎的心，上面寫著「凱特琳」——他那個死於毒品的高中戀人。這些人願意敞開心胸，我向他們傾訴心聲。我告訴那位男士我可以感同身受，跟他聊了保羅的事。我對那個年輕人展示自己的致敬刺青（「我對你的愛從英格蘭延伸到中國」——保羅五歲時發明的句子，有點像「超越無限」）。

我也透過位於蘭道夫的TNT拳擊館向其他人傾訴心聲。在這輩子當中，拳擊一直都是我用來發洩怒氣的管道。保羅死後，那股怒氣因為無力拯救親生兒子又更加強烈。在這裡，物質使用疾患不是汙名化的標記，大部分來練拳的人也在克服毒癮；在這裡，我讓怒氣發洩出來，打爆全副武裝戴著頭盔和下體護具的教練；在這裡，我組織了一個拳擊媽媽團體，她們跟我一樣，因為失去了染上毒癮的孩子而痛苦萬分，每天早上醒來都覺得不能呼吸；在這裡，我只是凱瑟琳，保羅的媽媽，右鉤拳很猛。

在理髮店不比拳擊館，我還是得用沉默或編出來的故事保護自己。但每當我強迫自己忽視下一個抱怨毒蟲的客人時，我會閉上雙眼、深呼吸，撐過這段時間，直到再次擊打沙包。你想的沒錯，我或許會肝腸寸斷又鼻青臉腫，但我還站著，準備戰鬥。

永遠更年輕

Forever Younger

卡洛琳·瓦克斯勒（Caroline Waxler）
創作於二〇一八年

媽媽的年紀焦慮開始對我產生影響，任何不熟的人提起年紀這回事只能沉默以對。畢竟，我很喜歡在重視年輕人的職場工作，吹噓數十年的經驗不一定代表你能寫程式。一個比我小的朋友很直接地問我幾歲，當下老實回答了便立刻後悔，急忙要求她千萬別說出去。

我媽媽總愛談論年紀——只不過她談的通常是女人怎麼樣都不該透露年紀。當她在二〇一三年過世時，要不是八十二歲，就是七十五歲，得看說的人是誰。她這一輩子會給我一個數字，其他人又會給我另一個數字。她對那些報馬仔置之不理，說他們是「沒事找事做的眼紅親戚」。我從不追究，因為我還有其他東西

要跟她爭：門禁時間、家事、拜託幫我付卡債。何必管她幾歲？

我越來越大的年紀反倒一直是關注焦點，特別是我並沒有急著找老公。三十五歲生日時，我告訴媽媽我要辦一個派對。她十分震驚。**你怎麼會告訴任何人那個數字，更別說是去慶祝？尤其你又還沒結婚？**我不顧她的建議，照樣辦了派對，還不要臉地弄了拍照亭來記錄人生中這輝煌的時刻。

在媽媽的葬禮上，我仔細看了父母兩人的墓碑，它們在父親死後不久便矗立於此，而我現在很確定，媽媽生前這麼做是為了確保她偏好的出生年能被刻上去。父親的墓碑上顯示出生年為一九四〇年，旁邊註明他於一九七七年三十七歲時過世。媽媽的出生年則顯示一九三七年，只不過她並非在這一年出生。我想都沒想到她會把這個年齡的謊言帶進墳墓（她早出生七年左右）。不過，當她的出生日期跟爸爸的並列在一起，理由變得明顯了。即使作古，媽媽也不想讓我的父親——或別人——知道她比他大多少。

她過世後，我還是跟她在世時一樣困惑與茫然。當我看到墓碑上刻了一九三七年，第一個反應是質疑：**等等……那是對的年份嗎？不可能吧……但是都刻在墓碑上了。**第二個反應是開始微笑，她又蒙騙過去了。當初她要求我一起去探望父親的墓時，要是我有去，就能趁機當面質問她了（現在只能面對墓碑了）。

第一個線索在我們寫訃聞時浮現。我打給她畢業的法學院，確認一項已經成為家族傳說的細節。她宣稱畢業時是哥倫比亞大學最年輕的女性畢業生，但對方無法確認這一點，不過確認了她的畢業日期，比我粗略猜測的還要早。媽媽從來沒有跟我們透露自己到底是哪一年畢業，連同學會照片上的年份最後一位數都被她切掉。

我回去整理老家時發現了其他線索，像是印錯媽媽出生年份的結婚證書，她出生日期的最後一位數被「更新」過。我知道這件事是因為在更早之前翻出了她（正確）的出生證明正本，她當初申請結婚許可證要附上的。那時我才想起母親的駕照有好幾種年齡的版本，帶來不少家族笑話與故事，還導致傳說中的護照風波。聯邦政府顯然不覺得不一致的紀錄很有趣，因此拒絕發給她護照。

父親一開始懷疑母親是不是有犯罪紀錄（「我從來沒有聽過人家辦不成護照的……你到底做了什麼？」），不過媽媽歸咎於筆誤，後來靠在法學院認識的高官居中處理才結束這場風波。我們不確定父親真的被蒙在鼓裡，還是其實知道年紀差的內幕而僅是遷就她。考量到爸爸既精明又善良，我想應該是後者。

不過，媽媽對謊報年齡的執著有個最明顯的證據，它就大剌剌躺在老家一個少用又不顯眼的書架上——《如何謊報年齡：狡猾的建議，加上六十年的歷史與懷舊，讓你神不知鬼不覺》（*How to Lie About Your Age: Sly Advice, plus 60 Years of History and Nostalgia, to Help You Get Away with It*）。這本書出版於一九七九年，當時媽媽四十九歲——或者照她的說法，四十二歲。它看起來沒有被翻開過。不令人意外，在那個時間點，媽媽的確可以寫一本這個主題的書了。

雖然承認也沒差，不過媽媽的年紀焦慮開始對我產生影響——特別是這幾年。現在我已經四十好幾，當初搞拍照亭歡慶三十五歲生日的女人不復存在，任何不熟的人提起年紀這回事只能沉默以對。畢竟，我很喜歡在重視年輕人的職場工作，吹噓數十年的經驗不一定代表你能寫程式。然而，最近一個比我小的朋友很直接地問我幾歲，讓我大吃一驚，當下老實回答了便立刻後悔，急忙要求她千萬別說出去。

或許該是時候好好翻閱那本書了。

原諒，做不到

F Is for Forgiveness

海莉．譚納（Haley Tanner）
創作於二〇一八年

附近書店有個自助書籍區，向你保證所有問題都能迎刃而解。我認為這種目標很奇怪。我不想努力去痊癒，也不想原諒。我累了，只想活著。或許這種想法有一天會改變，不過現在我覺得自己可以理直氣壯地生氣，以及讓傷痕累累的扭曲心靈獲得滿足。

作家安妮．拉莫特（Anne Lamott）談起原諒曾說：「不去原諒就像喝老鼠藥等著老鼠死。」[16]那我寧願說：「給我一杯純老鼠藥配三顆橄欖。」

我了解安妮的意思，真的，不過我就像固執的青少年，怎麼樣都不肯原諒那個沒來參加我丈夫葬禮的親戚，他連送個卡片、打個電話、寄個電子郵件、傳個簡訊、放個烽火，或在遙遠的山頭吹個號角都沒有。

讓我很不爽的這個傢伙，對我來說其實沒有那麼重要。我們原本就不親，但我就是愛對他生氣。我很愛講自己有多氣他，他有多糟糕、自私和不像話，竟然沒出席葬禮。接著這件事就一直揮之不去，我遇過某些人記不得早餐吃了什麼，卻可以很明確地告訴你，誰在二十年前坐七時沒來弔唁。

蓋文已經過世五年，當時他才三十一歲，死因是癌症。狀況很糟，腦部手術、肝臟腫瘤、癌細胞轉移、腫瘤科醫師告知噩耗、我因為過於震驚而當場在檢查室的水槽嘔吐，那段期間無時無刻都活在擔憂之中。百分之九十九點九得了這種癌症的病人會在五年內死去，我年輕的生命依附著一絲絲希望而活。

然而就算病情並不樂觀，生活還是很樂觀：我們旅行、玩樂、遛狗、訂定計畫。蓋文走的前一天，我們跟最要好的朋友們一起在病房裡吃炸雞和派，覺得很幸運能彼此相愛。

---

⑯ 安妮．拉莫特，《人生旅途中的恩賜：對信仰的一些思索》（*Traveling Mercies: Some Thoughts on Faith*）。

說真的，看著蓋文死去，最可怕的是我沒有跟著死去。我當時才二十八歲，非常年輕就得經歷這種椎心刺骨卻殺不死你的痛。大家都說「你會好起來」，這是我最不想聽到也最不希望成真的事。我想留在那個地方，靠近蓋文、靠近震央。

我繼續呼吸、心臟繼續跳動，終究還是好起來了——就跟大家說的一樣。由於我已熬過所能想像最糟的事，突然間什麼也不怕了，有點急切地過我想過的生活。

我再次陷入愛河——完全毫無保留地瘋狂陷入愛河。我在背後貼了蓋文的名字跑紐約市馬拉松；我出版了一本小說並舉辦巡迴簽書會；我懷了身孕並在自己的公寓浴缸裡產下寶寶。我抱著剛出生的女兒，告訴她我跟初戀情人的一切往事，以及他有多美好善良。

我還是很想念蓋文，每天都會談起他，但不再時時刻刻愁雲慘霧，有時我的哀慟離我很遠。別誤會了，我還是很氣那個沒出現在葬禮上的混帳傢伙。

或許因為經歷了蓋文的死亡，讓我在某些方面變得有點極端。「活在當下」對我而言並非只是喊喊口號，我每一分、每一秒都很清楚人生有多短暫，也拚了命地緊緊把握。此外，沒有任何事比死亡更能教你朋友和家人的重要性——他們的愛與強大的存在不可或缺。出現的人，跟我是同一國的；沒出現的人就不是。

我覺得原諒這個混帳是對蓋文莫大的背叛。當我愛上別人時，不覺得是背叛；當我把蓋文的東西送給親友，以及最後捐出去時，也不覺得是背叛。但原諒一個不正視蓋文逝世的人，感覺比想像中還要糟；抱著這股怒氣不放下，感覺比想像中還要好。

附近書店有個自助書籍區，向你保證所有問題都能迎刃而解——只要夠努力，你可以痊癒、放手、原諒、導正人生中的每一件小事。我認為這種目標很奇怪。我不想努力去痊癒，也不想原諒。我累了，只想活著。

或許這種想法有一天會改變，不過現在我覺得自己可以理直氣壯地生氣、喝老鼠藥，以及讓傷痕累累的扭曲心靈獲得滿足。

遇見失落，你可以這樣做

經歷失去後如何面對職場

在工作崗位上哭泣沒關係

Word Life After Loss: aka It's OK to cry on the job.

① **當下**

分享消息：聯絡你的主管和你底下的人，或委派他人傳達你願意提供的細節。

請假：確認你的公司有沒有提供喪假，或在消失一陣子之前請事假。

委派他人：心態上會有不公平的感覺，不過職場還是繼續運轉。清空你的行程表，打開電子郵件裡「休假中」的自動回覆，並盡量將緊急事務交給別人。你不會希望處於悲傷之中，還有工作來打擾。

② 不在時

聯繫：過了三天或甚至一個星期還沒準備好回到工作崗位？考量情緒上與財務上怎麼做對你最好，並詢問主管意見。看看對方怎麼說。

③ 回來後

預期會有尷尬場面：有些同事會問太多私事；有些同事則是完全忽視你喪親。

情緒偶爾會崩潰：找個地方喘口氣或好好哭一場（下兩層樓的洗手間、你的車上），就定位後找個可以聯絡並支持你的朋友。

心懷感恩：同事們勢必在你缺勤時接替你的工作，記得感謝他們。

確認自己的狀態：隨著時間過去，你可能需要額外支持，勇敢開口。如果你不說出需求，沒有人會替你說。

幫助更多人：如果公司有喪假規定（很多職場沒有），告訴雇主喪假規定哪些可行、哪些需要改進。利用你的經驗讓別人可以輕鬆一點。

旅程：出發到另一個新的地方

Journey's:
Where We've Headed but Not Necessarily Ended Up

Introduction

序言

蕾貝卡・索佛（Rebecca Soffer）

媽媽下葬四年後、爸爸喪禮過後五天，我和賈斯汀抵達新德里。造訪印度是丈夫的一大願望，我們一年前就在規劃。我們沒有要尋求精神淨化，只是想當個觀光客，經歷意想不到的奇遇。

雖然媽媽去世後，我經常在旅行中獲得療癒，不過這次怎麼樣都想取消計畫。我覺得在世上最後一位至親入土後沒幾天就踏上「夢想旅程」，是件很不孝的事。然而父母所屬猶太教堂的拉比，一位很容易被誤認為是「死之華樂隊」粉絲的隨興男士提醒我，說他之前很懊悔沒在媽媽走後多留一些時間給自己。我在父母即將拆除的家中坐七時，他邊吃奶酪貝果邊開口：「老實說，要是今天換作是你爸爸，他一定會去這趟旅行。對了，那個你要吃嗎？」他說得沒錯，取消旅行的念頭，爸爸是連想都不會想的。況且對我而言，已經沒有親人需要我留在這裡。

我一下飛機，就覺得好像來到了《變腦》（*Being John Malkovich*）的七樓半。我住過也旅行過不少國家，卻從來沒有這麼無所適從。首先，時差是十個半小時；當我感覺像是下午三點半時，新德里其實是凌晨二點。航廈滿滿都是色彩鮮豔的紗麗、煙霧，以及一股混合肯德基、達美樂與印度捲餅的強烈怪味。人群擁擠到我連去上公廁都害怕，惟恐再也找不到賈斯汀，成為英迪拉甘地國際機場的永久居民。前往旅館的車程籠罩在冬日濃霧裡，不時有莫名奇妙的東西冒出來——耶誕燈裝飾的人力車、拿著一串金盞花的男孩、牛，詭異到不行。

第一天我太緊張了，以致於除了在滿滿都是西方人的飯店裡吃白飯，什麼都不敢碰，沖澡時還把嘴巴緊緊閉上。不過接下來我開始放鬆，甚至樂在其中。我們蜿蜒地穿過拉賈斯坦邦（Rajastan），然後往下進入孟買。在烏代浦（Udaipur），一個店老闆歡樂地將羊絨披肩掛在身上展示，不停地喊：「讚喔！」我被他的花言巧語說動，買了好幾件。在齋浦爾（Jaipur）的一間電影院，我們成了熱心的白人象徵，被要求擺出各種姿勢跟好奇的當地人合照。我沒多想就吃下一整碗燉肉，但幫我舀湯的男人才剛往鍋子裡打噴嚏（老實說，我有點後悔）。

整趟旅程中，我的感官張開到了極致。雖然有關遺產和死亡證明的電子郵件會從手機裡跳出來，不過我沒有時間、也沒有心力去沉浸在失去中，我甚至沒有跟賈斯汀提到這些事，它們就跟印度那些沒道理的東西一樣在四周打轉。

後來某天，我們去了拉那克普（Ranakpur）看耆那教寺廟——四萬八千平方尺的純白大理石，精雕細琢成一千多根柱子與數十個圓頂。那裡一片寂靜。自從得知爸爸心臟病發離開後，我第一次獨自漫步，把焦點放在被風吹拂的女人裙擺，以及襯著晴朗天空的明亮石頭。一名穿著金盞橘衣、頂著派屈克．史威茲髮型的三十多歲赤腳僧侶走了過來。他親切地問我來自哪裡，一定以為我會給他「洛杉磯」這種簡單的回答。沒想到，或許是被他的好意觸動，一切的心結都在那一刻解開了。我哭了出來，抱住他，傾訴我如何先失去母親再失去父親，在這個又大又混亂的世界，對自己不熟悉的新狀態感到茫然。他靜靜聽著，專注地看著我，柔和的眼神中不帶一絲批判，並且輕輕觸碰我的肩膀（我的擁抱可能讓他不知所措）。無可否認，這個部分聽起來有點陳腔濫調；但它真的不在計畫之中，而我坦然接受。

我們在一月初回到家，這個季節的紐約最令人低落，一片荒涼。節慶氣氛不復存在，一想到要面對爸爸過世的陰影與所有身後事，我的胸口就一陣難受。印度的毫無章法跟我的哀慟比較合拍，讓我變得堅強也獲得滿足。我在沉悶的紐約有苦差事等著，不過心態上已經準備好完成該做的事。

這次能重新獲得力量並不意外。當我在媽媽死後終於又踏上旅程——而且很頻繁——朋友都擔心我在逃避現實，他們很多人向我保證讓生活上軌道是唯一解。我在喪禮後僅僅兩週，還處於極度的震驚之中便回歸《荷伯報告》日常製作團隊，他們認為這麼做是對的。他們說我在熱愛的工作崗位進行日復一日的例行事項，能讓自己再次感到踏實、好起來，並在沒有母親的世界中找到新的方向。

然而，我在紐約根本無法思考，特別是在電視錄影棚，聽到笑話會假裝大笑，試圖把母親面目全非的遺體影像從腦海中驅除。那一整年我趁節目的許多空檔四處走走，思緒才終於變得清明。

舉例而言，我在土耳其博德魯（Bodrum）的帆船上，決定打破自己不約會的禁令，與啟程前一晚相遇的賈斯汀出去。在南非克魯格國家公園（Kruger Ntional Park）參加獵遊時，由於我最信任的顧問，也就是母親，已經不在，因此我跟茅草屋外的象群進行了對話，而我們都同意或許該是時候離職了。從舊金山順著一號公路到聖西蒙（San Simeon）的自駕行途中，我想起在生命中出現過的人，並思考如何只維繫正面關係（很巧地，這個過程開始的同一天，我因為轉錯一個彎被困在伊莎蘭〔Esalen〕的停車場）。（很可惜我並非家財萬貫。我只是做了一些輕率的財務決策，把這些散心行程擺在第一位〔你不必**每年**都存一筆錢到個人退休帳戶，對吧？〕。）

這些實質的旅程幫助我抽離日常瑣事，而新生活的許許多多層面，卻讓我感覺像個觀光客。其中一個結果是我突然不確定當時的職業道路，是不是自己真正想要的。最能讓你再三思索人生價值的，莫過於撰寫親人的訃聞，將他們一輩子的成就濃縮成簡潔的文字。**我是否過著最理想的職涯——同時留有足夠的空間給其他東西？**這句話在我心中響起。**我是否正在實踐父母的理念，把心力放在能夠帶來改變的事物，即使只是為了一小群人？**（對於依然要付房租和掙一口飯的人來說，不是那麼容易）。**他們會感到自豪嗎？將來我的孩子為我寫訃聞時，會以我為榮嗎？**

另一個結果是失去了可以一再停靠的安全港灣後，重新考量「家」在哪裡。身為費城人，我總是想當然耳地覺得有一天會搬回去，但現在就算搬回去也只剩家人的模糊痕跡。意識到這一點，似乎整個世界都任你選擇。有些人或許會羨慕，覺得能換一個環境很好，可是對我而言，不知道要在哪裡落地生根或決定家的所在之處，是一種生存折磨。我以為生了孩子之後狀況會改善，但從某些角度來看反而更糟，因為風險變高了。不管最後在哪裡定居，都不再有「娘家」可以見孩子的外公外婆，也無法讓我的故鄉在他們的身分認同裡紮根。

我們短暫試過丈夫成長的奧斯汀，它是個生氣蓬勃、變化多端的城鎮，可是我總忍不住想像兒子變成長歪的《勝利之光》（*Friday Night Lights*）角色，把我看作是那種焦慮的東岸人（雖然我承認我是）。爸爸死後，我們以賣掉父母家的一部分收入，在麻州西部的波克夏（**Berkshire**）買了房子，好讓我覺得除了曼哈頓暫時性的小小租屋處，還有一個實質的基地。不過說實在的，我們不知道怎麼終日待在那裡，同時配合兩人的工作。我們考慮過有很多親戚的舊金山，但感覺離大部分的朋友又太遠，所以目前還是暫居在我住了十七年的紐約市，雖然最痛的哀慟回憶在這裡依然鮮明，高漲的生活費也可能讓我們選擇搬走，卻比其他地方都還要像家。

這整個「我屬於哪裡」的練習，有時很像兒子游泳課遊戲的成人版。在課程的最後，小朋友們會坐在游泳池中央的巨大黃色小鴨上潑著水玩，教練轉動它並唱著：

轉啊轉啊轉圈圈
轉啊轉啊轉圈圈
轉啊轉啊轉圈圈
跟鴨子先生游泳，呱呱
預備……開始！

然後所有人往他們覺得最舒服的方向划水而去。有些父母和孩子老是抵達同一個位置，但我抱著兒子（他不太能自己游）總往四面八方亂闖，就像游牧民。在我橫衝直撞中，有時感覺鴨子先生彷彿正緊盯著我，跟拉那克普的僧侶一樣，等我想清楚要在哪裡定下來。

婚紗的最後一支舞

My Wedding Grown's Last Dance

露西．卡拉尼提（Lucy Kalanithi）
創作於二〇一八年

我看到自己的姿態並震懾不已：張開雙臂、手心朝上，彷彿接下來不管發生什麼事都概括承受——一種全然接納的站姿。感覺對了，悲傷將我澈底吞沒，我唯一能做的就是站在這奇特又荒謬的短劇舞台上，坦然面對那股冰冷與震撼，這麼做比起陰沉的追思會更能向保羅致敬。

沒有一個女人知道自己的婚紗最後是什麼下場。

喜慶過後，她洗盡它所有狂歡的痕跡，熨燙好並封起來，輕輕地重新掛進衣櫥，可能會想像未來女兒們的模樣，數十年後拿出來親手撫摸，或是裁掉幾尺薄紗，讓它搖身一變成為性感的雞尾酒禮服。

不過我敢打賭，沒有人會想像多年後在海平面六千四百尺高的森林深處，穿著破爛不堪的婚紗，臉上還掛著微笑。

我與保羅的女兒八個月大時，我們讓她的父親接受居家氧氣治療，他的身軀越來越孱弱，蔓延的轉移癌不斷折磨他。我將綠色的氧氣筒滾到我們的臥室，婚紗就掛在裡面的衣櫥，它跟八年半前我穿上時一樣明亮，此後幾乎一直都封在塑膠袋裡。婚禮上，我穿了紅色的紗麗，但這一件——簡單的白色長洋裝——才是我的婚紗。保羅很喜歡這件婚紗。

需要氧氣對保羅的健康來說不是個好現象，卻帶來一絲希望。有了鼻子裡那一根塑膠管，保羅在高海拔地區可以更輕鬆地呼吸。八個星期後，我們要去加州埃爾多拉多國家森林（Eldorado National Forest）的史丹佛高山營地。

史丹佛高山營地，每年夏天為史丹佛校友及其親屬開放三個月，保羅十五年前還是大學生時，曾在那裡工作過整整兩個夏天。在他後來寫的回憶錄中，提到營地「（集結了）所有青春的插曲——湖泊、山巒、人群構成的美景；豐沛的體驗、對話、友情……每天都覺得充滿了生命力。」[17]在營地工作的六十幾個大學生身兼多職，要煮飯、清掃、為露營者製作短劇（並為自己製作下流版本）、帶小朋友健行以及娛樂家庭客。工作人員在這段歡樂又時常放縱的期間所建立起來的友誼，比什麼都還要緊密。畢業後每隔幾年，他們都會在這裡重聚，包括我們。

雖然知道保羅來日不多，但我們在一起還是很快樂，而造訪高山營地一定會帶來快樂。我們兩個都是經驗豐富的背包客——儘管他無法再健行，我們仍然可以享受優美的環境——連帶著氧氣筒上山這件事，都讓期待已久的旅程變得更猛，呼應了我們多年來一起跋涉過的遙遠路途，以往我們都會在登山背包中裝氙氣頭燈與丁烷瓦斯爐具。當時我們是好隊友，現在也還是。

不過，保羅沒有撐過去。把氧氣帶進家裡的一週後，他被家人圍繞著，躺在我身邊死了。他的親朋好友（包括高山營地的數十名夥伴）和我都心碎了。保羅走後的那幾個星期，我們聚在一起流淚、回憶。我葬了他，規劃他的追思會，把我們的女兒緊緊抱在懷裡。我同時也決定要以「遺孀」的身分去高山營地——這個詞還是讓我感到震驚，它的殘酷反映出我失去保羅所感受到的痛苦。

⑰保羅．卡拉尼提（Paul Kalanithi），《當呼吸化為空氣》（*When Breath Becomes Air*）。

當三十多歲的一夥人為這些聚會打包行李時，會帶上稚子與他們的旅行用嬰兒床、擠乳器、白噪音機，以及其他不太會在青少年露營用品中看得到的東西。不過他們還是會將登山鞋放進去，而且一定會帶「集會傢伙」——大學舞會禮服，這是高山營地派對的重頭戲。某位女性朋友帶了五顏六色的貓咪圖案螢光綁腿褲和粉紅假髮；另一個男生帶了畢業舞會洋裝。保羅的弟弟也在，我幫他準備了復古史丹佛高爾夫球衫、鮮豔條紋長筒襪和猩猩裝——全都來自保羅的衣櫃。至於我自己，不知道為什麼，打包了沉睡的婚紗。

革命情感、音樂、雪仗與追憶開始了。在營地第一天的晴朗早晨，我們的女兒生平首次見到雪。她被亮得瞇起了眼，我則淚光閃爍。我愛她愛得要命，也想念保羅想念得要命。他很喜歡這個地方，感覺他就在附近，近到彷彿任何一棵高大松樹後方就藏著他的身影。一切都快讓人受不了，可是全世界我只想待在那裡。

他的朋友們也有同感。保羅是神經外科醫生兼作家，除了聰明才智，也因創意與惡搞深受喜愛。他為了致敬艾略特的〈荒原〉，跟人合寫了一部叫〈荒原鬧劇〉的喜劇小品，並和一名搭檔演出了艾略特這部大作的片段，喊著：「用春雨喚醒遲鈍的根！」同時往彼此臉上砸派，再故意踩到香蕉皮跌倒。他當時就是在高山營地主屋前方的木板平台發懶時，想出了這個橋段。在聚會週末的最後一個晚上，前工作人員會重現那些才藝表演（這次也不例外），而且他們總是以一個嚴肅又不失荒謬的好評短劇做為結尾。

在〈水上芭蕾〉中，八名穿著長袍的人伴著帕海貝爾的D大調《卡農》，緩慢地跳著精心編排的舞蹈，神情安詳，肩上頂著銀色的水壺，正當音樂觸發觀眾的懷舊之情，他們開始優雅地把水吸入嘴裡，再往彼此身上噴，無厘頭的動作搭配《卡農》樂曲與肅穆的臉。這場表演莫名地令人情緒澎湃、意外地充滿美學又喜感十足。最後，他們直接把剩下的水灑到觀眾席，象徵熱舞和歡慶的夜晚。保羅曾多次穿上那件長袍。

整個週末，我的婚紗都紋風不動地掛在小屋的衣櫃裡——或許我不該蠢到帶它來。但在最後一天，我突然頓悟並跟朋友表示：「我必須穿著婚紗在〈水上芭蕾〉亮相。」保羅的死黨和弟弟都會演出，進行到一半的時候，我會帶著冰桶上台，裡面裝著保羅很喜歡的一款可怕麥芽酒「眼鏡王蛇」（King Cobra）。表演者會噴出這種酒，而不是水；最後也不是對著觀眾灑，而是對著我。

短劇開始了，小提琴樂聲悠揚。到了一半，我上台站在舞者群中央，嚴肅地把啤酒分給大家。事後在某人好心以晃動的iPhone拍攝的影片中，我看到自己的姿態並震懾不已：張開雙臂、手心朝上，彷彿接下來不管發生什麼事都概括承受——一種全然接納的站姿。感覺對了，悲傷將我澈底吞沒，我唯一能做的就是站在這奇特又荒謬的短劇舞台上，坦然面對那股冰冷與震撼，就跟「眼鏡王蛇」淋在身上的感覺一樣，從某種角度來看，這麼做比起陰沉的追思會更能向保羅致敬。

發現我穿著婚紗的觀眾跳了起來，睜大雙眼驚呼。其中有些人是保羅的摯友，許多都有參加我們的婚禮，其他人則因為高山營地傳說的關係，只知道保羅是個風趣又愛開玩笑的人。

我們全都自發性參與了這場極為私密又公開的紀念儀式——這是難能可貴的時刻之一，既如此神聖，卻又毫不神聖。

一個我們很要好的朋友（她有來保羅的婚禮派對並成為我的閨密）滑向我，泰然自若地把整罐「眼鏡王蛇」直接倒進我的領口。我顫抖地站著不動，又哭又笑，全場氣氛沸騰了。短劇尾聲，我全身上下又濕又黏，甜膩的味道聞起來就像大學派對的舞池。我那曾經雪白的婚紗，如今染上了一道道琥珀色的痕跡。舞會開始了。

十五年前，課業認真但私下搞笑的大學生保羅來到這裡；十二年前，我們在醫學院的第一天相遇並很快地陷入愛河；十年前，他第一次帶我造訪他心愛的高山營地；八年前，我們於長島海灣岸邊結婚，而七週前，他在醫院病床上，在我懷裡逝去。隨著一位微醺的朋友往我這邊倒，把草莓瑪格麗特冰沙流到我的背上時，那些片刻全都匯集起來，令人精神一振。旅行者合唱團（Journey）的〈不要停止相信〉（Don't Stop Believin'）在夜晚中響起，我步入舞池。

隔天早晨醒來時，深夜才入睡的我頭痛欲裂，身體卻很放鬆，雙眼也稍微變得比較明亮。朋友提議要幫我把婚紗送洗，但我知道不會再有人穿上它。它已經發揮了最終作用——「眼鏡王蛇」洗滌了我破碎的心。我跟女兒會在這個社群的陪伴下邁向新的未來，放下婚紗，以其他方式將保羅留在心中。

心已不在
Where the Heart No Longer Is

潔克琳．穆瑞卡特特（Jacqueline Murekatete）
創作於二〇一八年

當車子停在可俯瞰過往家園的山頂時，我的眼淚已潰堤。我凝視著底下的土地，那是我們家的所在位置。我還沒有心理準備看到它不復存在，我檢查了一下自己的心，它已不在那裡，這個地方也不再是家。

有句古老的諺語說：「家，是心之所在。」一般而言，就是我們最親近的人所在的地方。如果那些人已經不住在那個地方、已經**不在世上**，家又在哪裡呢？

對我來說，家曾經是位於盧安達南部的小農村。九歲之前，我一直都跟父母、四個兄弟、兩個妹妹、大家族的親戚和朋友住在那裡。我的童年無憂無慮，總是一家子氣氛活絡地吃飯，沒完沒了地玩躲貓貓，幾乎每個晚上都會比賽看誰抓到最多螢火蟲。我當時夢想成為醫生，我們小孩子都擁有大夢想。

接著，從一九九四年四月開始僅僅一百天之內，盧安達發生了二十世紀最慘烈的種族屠殺事件之一。估計超過一百萬人，絕大部分為圖西族（Tutsi），但也有一些溫和派的胡圖族（Hutu），死於多數胡圖族手中。我的雙親、所有兄弟姊妹和兩位祖母皆不幸遇害，其他廣大的親友們也在這場大屠殺中喪命。

種族屠殺展開時，我剛好人在離家兩個小時距離的外婆家中。當外婆家的村子中的胡圖族開始持大砍刀、狼牙棒和長矛殘殺圖西族時，外婆帶著我逃跑，躲往一個又一個的藏身處，一開始在附近的縣辦公室待了幾天，後來付錢給一名胡圖族男性，躲在他家中約一個星期，直到這個避難所被發現，我跟外婆被迫分開。在種族屠殺期間，我看到周遭的人慘死，自己也多次差點丟了小命——每次都覺得人生就要結束了。最後我逃到義大利神父開設的孤兒院，在這場浩劫中活了下來。事後，我從倖存的叔叔那裡聽說胡圖族鄰居把我的父母、六個手足與村裡其他圖西族人帶到附近河邊，一個一個殺掉，只因為他們流著圖西族的血。

另一個住在美國的叔叔知道我奇蹟似地存活，很快地想辦法把我救出盧安達。他領養了我，視如己出。我在一九九五年十月搬到維吉尼亞州跟他一起住，一邊面對家人被屠殺的創傷，一邊努力適應新的語言與文化。當年目睹的慘劇不斷在夢魘中上演。

接下來十五年，我一直想知道過去童年家鄉的田園景色變成什麼樣了。二〇一〇年，我決定回去看看。當時我住在紐約，就讀法學院二年級。朋友們很好奇我怎麼會想回去，擔心這個經驗會帶來太多創傷。但我希望更了解家人的死。我希望見到那些參與屠殺或冷眼旁觀的胡圖族鄰居，我希望得到某種解脫。

從紐約飛到盧安達首都吉佳利（Kigali）約二十個小時。途中，我一直懷疑自己的決定。這一趟旅程會不會真的太難以承受，讓我變得心懷仇恨或苦澀？但已經沒有回頭路了。我在首都待了幾天，然後跟住在吉佳利的叔叔和一些親戚開車到小時候的村莊。

我們在鄉下蜿蜒而行，一路上看到村民頭上頂著各式各樣的當地物產——香蕉、酪梨、芒果、穀物。有些孩子在路邊玩耍，車子一經過便停下來揮手。幾個小時之後，我開始認得沿路風景——綿延起伏的山巒、露天市場，童年回憶像走馬燈一樣歷歷在目。我看見了父母、手足、親戚和朋友的身影。哥哥尚達穆爾（Jean D'amour）放學後在照料家裡養的牛；妹妹絲芙蘿（Siphoro）與喬瑟芬（Josephine）從附近的井汲水。我們大家，連同三個弟弟，全都圍繞在餐桌旁，吃著綠蕉配菠菜和番茄（我的最愛！），並唱著基督復臨安息日會的聖歌。我看見男孩們在一間臥室、女孩們在另一間，互相說故事給對方聽，直到抵擋不住睡意。

當車子停在可以俯瞰過往家園的山頂時，我的眼淚已潰堤。我凝視著底下的土地，那是我們家和農舍的所在位置。房子不見蹤影，我知道在種族屠殺後，它幾乎馬上被摧毀，而我還沒有心理準備看到它不復存在，被綠色蔬菜、番薯和樹薯的農田所取代。

我看著四周一些鄰居的孩子，他們被村裡的訪客吸引了過來。這些孩子在種族屠殺後出生，很有可能完全不知道腳下的農地有過一間屬於我們家的房子。我在一個曾經以為是全世界的地方感覺像個澈底的陌生人。

我想要尖叫，讓這個村子的所有人知道這裡曾是我的家，這塊土地原本屬於我的家族，父母不辭辛勞地耕種它，只為了給孩子更好的生活。全家都被殲滅是多麼殘忍的事——沒有任何紀念碑與記號證明他們曾經活過，又是多麼不公平的事。

我檢查了一下自己的心，它已經不在那裡，這個地方也不再是家。

腳再痛，比不上心痛

Feet, Pain, Love

莎拉．福克斯（Sarah Fox）
創作於二〇一三年，原刊載於現代失落網站

朝聖之路上的朝聖者會戴上象徵聖雅各的扇貝作為標記，晚上我們會一起吃村裡小餐廳提供的簡單朝聖餐點，並分享西班牙紅酒。我們累了一整天，已沒力氣再去築起情緒高牆，不讓別人看到生命中的痛。

每走一步，我的腳就重重擠壓著登山鞋底。背包的帶子拉扯著濕衣服，每動一下就擦痛皮膚。兜帽垂在臉上，水從鼻尖滴落，還有十二里要走，狀態悽慘。雨下了兩天，但我早在這之前就已經悽慘無比。

一年半前，我爬上費城醫院的小小病床，跟男友克里斯躺在一起。護欄的狹小空間讓我們緊貼著彼此，我將下巴靠在他瘦骨嶙峋的肩上，聽他述說再多的治療都沒有用了；他的身體正在排斥兩年前移植的肺。再一週就是他的三十一歲生日，他要回家等死。

接下來一年，我看著他的世界慢慢縮小。他辭了工作，搬回父母家。一開始他還睡在樓上小時候的臥室，可以在房間之間移動，我們甚至再次也是最後一次到餐廳共進晚餐。後來他的行動逐漸被限制在一樓、輪椅，與最終的客廳病床上，在它改變壓力以預防褥瘡時呻吟嘆氣。

克里斯死前送給我一本書，關於一名男子徒步朝聖之路（Camino de Santiago）。這段五百里的健行循著古老的朝聖路線，穿過西班牙北部，以聖地牙哥康波斯特拉（Santiago de Compostela）為終點，據說使徒聖雅各葬於此地。千餘年來，尋求心靈沉澱的人都離家踏上了這條道路。克里斯過世前幾個星期，我坐在他的床邊，告訴他我要去走朝聖之路，他聽了很高興。在我們共度的最後一個耶誕節，他說自己最大的遺憾就是無法再跟我環遊世界。那天在床邊，他握著我的手，要求我帶上他的骨灰。三天後，他請他爸爸買來三雙襪子送給我，兩雙健行用、一雙夜裡保暖用。

他離開後六個月——我的日子渾渾噩噩地過去，籠罩在家人、工作和朋友之外的疏離感中——我飛到巴黎，再坐火車往南到朝聖之路的起點，沿著法西邊界從庇里牛斯山下的小鎮聖讓皮耶德波爾（Saint-Jean-Pied-de-Port）出發。我在寂靜的早晨背著十八磅的背包與鑰匙圈尺寸的小小金屬骨灰罈獨自步行。太陽升起，我經過了農家，聽見牛群在山上吃草時發出的鈴聲。我繼續咬牙挺進通往西班牙的山隘，度過了漫長的一天，一瘸一拐地走入一座為下山的朝聖者敞開大門的石砌修道院。

連續三十四天我醒來就是走路，走上一整天。我穿過寸草不生的高原、枝葉茂密的森林，以及看不見盡頭的葵花子殼餘燼。有寧靜的小山村，也有城市近郊的醜惡工業區。我的腳上冒出巨大水泡，只能包紮起來好繼續上路。我戴上一個護膝並買了登山杖，讓下坡時的劇痛得以緩解。入夜後，我會把背包丟在地上，按摩發疼的小腿並伸展臀部。我還沒開始讓自己受苦，不過長久以來的憂慮與健行導致的身體疼痛緊緊結合在一起，我分不出來兩者之間的差別。

我聽從身體告訴我什麼時候該休息、喝水或吃東西。有時候它告訴我必須停下來，即使沒有達成設定的目標，不過有時它也讓我走得比想像中還遠。朝聖之路上的朝聖者會戴上象徵聖雅各的扇貝做為標記，我在健行途中很常遇到其他要去聖地牙哥的人。一路上有其他年輕人因為車禍或疾病失去伴侶，帶著哀慟前進。也有喪子的母親、被老婆拋棄的男子，還有生活不如意的人。晚上我們會坐下來一起吃村裡小餐廳提供的簡單朝聖餐點，並分享西班牙紅酒。我們累了一整天，已經沒有力氣再去築起情緒高牆，不讓別人看到生命中的痛。我們坦率地分享傷心過往，就算說出「我的男友死了」，對話也不會尷尬地結束，因為每個健行者都有類似的故事。

我接近聖地牙哥時天空放晴了，路上認識的朋友正在等著我。我們說好在最後一公里處停下來，一起完成朝聖之路。其中一名女性傷了腳，大家便輪流背她的背包，好讓我們得以同時進城。我們在聖地牙哥康波斯特拉大教堂的遮陰處，慶祝這段長程健行的完成，就像許許多多前人一樣。將身體推向極限（並且超越），幫助我重新與自己和周遭的人連結。起初我一個人走著，最後有一群人與我同行。克里斯也跟我在一起。

從紫色房間到歐巴馬白宮

From a Purple Room to the Obama White House

瑪麗莎・芮妮・李（Marisa Renee Lee）
創作於二〇一八年

我從目睹死亡和熬過喪親的過程中獲得勇氣和力量，讓我產生了鋼鐵般的意志，無畏風險並接下臉皮薄的人無法接的任務。我不再恐懼「不可能」，不會輕易被壓垮或嚇倒。因為我知道真正的害怕是什麼感覺。

我在可能不久於人世的母親床邊，觀看歐巴馬的歷史性選戰。她患有第四期乳癌，病情因多發性硬化症而加重。那段時間不是人過的，對媽媽和愛她的人來說都是如此。

雖然我永遠都會珍惜母女相處的那最後幾個月，卻還是忍不住覺得自己正在錯過不得了的事。我從小學三年級起就經常當選或被指派為班長；高中時，我進行遊說並取得地方學校董事會的席位以代表同儕；在還不能開車的年紀，就發起了人生第一個非營利計畫。我是個充滿企圖心的年輕黑人，而且知道自己應該幫助歐巴馬選上總統。

歐巴馬在二〇〇八年一月於堪薩斯州的造勢活動，談到了「重申美國夢」，此時民主黨初選已經開跑。他談到美國應該讓每個孩子擁有相同的機會，消除進入障礙，確保我們共同的夢想凌駕於彼此之間微不足道的差異。那個晚上，我坐在小時候的紫色臥室裡，感覺自己的未來正在從指尖溜走。

我的母親，我的引導力量、人生準則和良師益友，於二〇〇八年二月二十八日傍晚五點三十七分過身。前幾個星期我才剛過二十五歲生日，那時歐巴馬顯然很有可能贏得選戰。在哀慟之中，我很快地對自己的金融職涯與《慾望城市》般的紐約生活失去興趣，甚至連為了紀念母親而發起的乳癌慈善機構都讓我提不起勁。跟我的哀慟相比，一切世事都變得愚蠢又庸俗。

那長久以來定義我這個人的企圖心跑到哪裡去了？

「瑪麗莎擁有優秀的社交技巧，但她只想當領導人物。」我的幼兒園老師在其中一張成績單上寫道。我一直都不太了解「不」這個字的意思，一部分是因為媽媽總是鼓勵我去嘗試，即使失敗無可避免。當我沒被哈佛提前錄取時，從沒上過大學的媽媽鼓勵我打電話給招生辦公室找出原因。我照做了，並在春天被哈佛錄取。

媽媽過世時，我的老闆很有同理心也很懂我，看得出來我需要重新來過。他給了我好幾個月的時間釐清下一步該怎麼走，同時還能保有薪水。

大約一個月後，歐巴馬選上了總統。答案變得明朗了——我要為他工作，一個相當大膽的決定，畢竟我沾不上他任何競選活動的邊。有這麼多人犧牲數千個小時幫助這個男人勝選，卻還是無法在新政府得到夢寐以求的工作。這個決定像是不可能的任務，但這個世界把我最愛的人奪走，難道沒欠我什麼嗎？我最愛的那個人難道不希望我追求夢想嗎？我畢竟傳承了她的生命。我終於從目睹死亡和熬過喪親的過程中獲得勇氣和力量。

有了這股力量和重新獲得的清晰思維與方向，我一心一意只想在歐巴馬的政府覓得一職。我一直都是鍥而不捨的人，這次更拿出了前所未有的毅力。已經沒有任何事比失去媽媽更痛。我纏著朋友、同事、熟人、朋友的前男女朋友——每個我認為可能幫助我一償夙願為總統工作的人。很適切地，我透過自己為了紀念媽媽而發起的乳癌慈善機構找到門路進入白宮。

我在二〇一〇年五月前往華府，為總統的金融復甦計畫盡一份力。接下來四年，我在美國小型企業管理局、白宮國內政策委員會與白宮公共參與辦公室之間做了四份工作，全都專注於為美國制定和實施更具包容性的經濟政策。我沒有為銀行家準備財務報告，而是利用自身的金融背景，針對重要的商業和公共政策議題，為總統與資深白宮職員準備備忘錄。我完全適得其所。

看著歐巴馬總統付諸行動是很神奇的事。我親眼看著他為了實現在堪薩斯州演講時提到的目標而奮鬥；我也親眼看著他跟我父親開玩笑，一見到我的乾兒子就被融化（他剛剛才在橢圓形辦公室的地毯上嘔吐），以及跟我丈夫爭論美式足球。

母親離世讓我產生了鋼鐵般的意志，無畏風險並接下那些臉皮薄的人沒辦法接的任務。我不再恐懼「不可能」，我不會輕易被壓垮或嚇倒。我不會害怕雇用人、開除人或募款，因為我知道真正的害怕是什麼感覺。那種害怕讓你晚上睡不著覺，想著一到早上就又離失去至親更近了一天；擔心死神來敲門的那天，你的工作就是把媽媽從陽間送到陰間。相比之下，為自由世界的領導人舉辦會議根本不怎麼難。

我一直都是好勝心與企圖心很強的人，媽媽的死讓我更加如此——刻不容緩地大膽追求夢想，因為我知道生命有多脆弱和短暫。我多希望她今天還在，但我很清楚自己是誰、處在什麼位置，只因為她已不在。

藝術模仿失去

Art Imitates Loss

麥可・格雷夫口述、蕾貝卡・索佛撰
（Michael Greif as told to Rebecca Soffer）
寫作於二〇一八年

這些音樂劇分享了對於群體、家庭和歸屬感的追尋；它們出色的地方在於讓人談論曾經被視為禁忌的艱難主題。角色在最具挑戰性和令人心碎的情況下大方寬容地對待彼此，觀眾因此從中獲得安慰與啟發。

強納生・拉森之所以產生靈感寫出音樂劇《吉屋出租》，是因為他希望以這種方式紀念幾位死於愛滋病或正在與愛滋病搏鬥的摯友。那時我也一樣正在哀悼許多因愛滋病過世的所愛之人。那些最棒、最閃亮也最重要的星星總是殞落。

還有其他許多藝術家也在探索這一塊悲傷的領域，並把我們的哀慟、憤怒與困惑表現出來。像是"*As Is*"、《血熱之心》（*The Normal Heart*）與《美國天使》

（*Angels in America*）等戲劇，以及保羅・莫奈（Paul Monette）與大衛・芬柏格（David Feinberg）的小說和回憶錄都帶來了視野，並幫助我們去面對或不去面對。我們也花了大量的時間在醫院病房和參加追思會。

強納森並非死於愛滋病，而是一種未確診疾病或症候群的主動脈瘤。完全沒有任何跡象顯示他得了比感冒還嚴重的病，驟然離世令人震驚不已。我和製作人們都很了解強納森，因此很輕易地就決定要繼續按照計畫推出他的音樂劇，讓他的聲音與願景得以留在世上。

令人心碎的諷刺之處，在於強納森本身變成了我們演出和呈獻《吉屋出租》所哀悼的人們之一。歌曲〈一首歌的榮耀〉（One Song Glory）完全成為他和他的精神寫照。他寫來紀念朋友的〈愛的季節〉（Seasons of Love），成為紀念自己的作品。這部音樂劇的長壽，讓我（以及其他人）有機會哀悼也紀念他。它在全球引發熱潮，也為許多當代音樂劇作家帶來巨大的影響與啟發，像是林－曼努爾・米蘭達（Lin-Manuel Miranda）、湯姆・吉特（Tom Kitt）與布萊恩・約爾基、班傑・帕塞克與賈斯汀・保羅，這一點幫助我和這個世界撫平痛失強納森的心情。

製作《近乎正常》（*Next to Normal*）和最近的《致伊凡韓森》（*Dear Evan*

Hansen）等音樂劇也保存了對《吉屋出租》的回憶，並凸顯我欠強納森的情義。《致伊凡韓森》的作曲家班傑與賈斯汀成功地彌補了流行歌曲與音樂劇歌曲之間的落差，跟強納森一樣。《吉屋出租》的角色，如同《近乎正常》的古德曼一家和《致伊凡韓森》的墨菲與韓森一家，都被刻畫地如此真實，緊抓著最美好的時刻不放，在過錯和誤解之中顯露人性與不完美，深獲觀眾認同與共鳴。

這些音樂劇分享了對於群體、家庭和歸屬感的追尋；它們出色的地方在於讓人談論曾經被視為禁忌的艱難主題。角色在最具挑戰性和令人心碎的情況下大方寬容地對待彼此，觀眾因此從中獲得安慰與啟發。我想，這就是成就非凡、歷久不衰的原因。

膏藥
Patches

坦吉拉．阿邁德（Tanzila Ahmed）
創作於二〇一八年

直到離開那一天，到了要說再見的時刻，我抱著阿公哭了，他也無聲地在流淚。他站在底層，手裡拄著拐杖，一臉困惑。我想他知道我要離開了，我想我們都知道這是最後一次見面了。

凱拉把我拉到一旁，帶我走進阿公的空臥房。我剛剛才從洛杉磯飛了二十個小時到加德滿都，時差還很嚴重。凱拉（母親的妹妹）和阿公（母親的父親）住在喜馬拉雅山脈山陰處一棟很大的三層樓磚房，有著厚重窗簾和深色地磚。外頭的噪音不時會傳進來——汽車鳴按喇叭、雨滴重重打在芒果樹葉上、附近印度教寺廟用擴音器傳出震耳欲聾的禱告聲。

「你只需要做這幾件事，」凱拉告訴我，「眼藥水一天點三次，藥丸照三餐吃；這個膏藥貼在手臂上，一天換一次，別忘了幫他貼膏藥——專門用來治他的幻覺。」接著她捕捉到我臉上的驚慌神情，停頓了一下。「噢，你不會有事的啦！」她說。

我在加德滿都進行一場保母大冒險。接下來十一天，這間大房子裡只會有阿公跟我。在加德滿都擔任駐外使官的凱拉，即將到英格蘭參加兒子的大學畢業典禮。阿公的健康每況愈下，家人不放心留他單獨在家，即使還有女傭、警衛、司機和廚師。

身為阿公的長孫（以及有薪水又負擔得起假期），責任自然落在我頭上。同時阿公的長女，也就是我母親，過世了將近整整兩年。母親出乎意料地走得突然，阿公無法遠赴洛杉磯參加葬禮，之後也沒能去看她的墓。母親死後，幾次我透過雜音不斷的長途電話跟他交談，但難以溝通。他的聽力越來越差，而我無法停止啜泣。

因此，我直接來到加德滿都。

「你怎麼會在這裡？」第一天跟阿公獨處時他這麼問我。我們一起坐在客廳的沙發上。他人生大半的時間大多坐在這張沙發上，或在床上睡午覺、在陽台走他每天要走的一百個台階。「你來是為了度假，還是因為我老了？」他的聲音沙啞，語氣透著自怨自艾。我結結巴巴地解釋工作有假期，所以想來看看。我沒告訴他真正的原因，阿姨警告過我，這樣會傷到他的自尊心。

我對阿公最早的記憶是五歲時，我們在孟加拉達卡的火車站。雖然他已經從鐵路系統退休很久，但所有員工在他經過時都會抬起頭並向他敬禮。第二個清晰的回憶是他教我如何熨燙出俐落的摺線——他人生中的一切事物都井然有序，而且必須要有一定的呈現方式。阿公人高馬大，留著薄薄的小鬍子與平頭，充滿權威。現在他老了，龐大的身軀駝著背，倚靠在一根竹拐杖上。他會連續好幾天穿同一件發皺的襯衫，拖著腳步從房間一端走到另一端。

媽媽過世前幾個月，每天都會打電話給阿公。她在附近的南亞超市買了一大疊電話卡，每天晚上坐在餐廳通話。我有時候會偷聽他們講什麼，結果都是雞毛蒜皮的事，不外乎「你今天吃了什麼？」這麼做對他們兩人都大有幫助，特別是在阿嬤過身後。

媽媽會告訴我阿公在電話上跟她說看見阿嬤的故事。到了深夜，他總是感覺到阿嬤在他的床上。他會衝到牆邊開燈，但床是空的，關上燈後又再次覺得她在身邊。後來他不再抵抗，就這麼接受了阿嬤還在的事實。不過全家人都嚇壞了。

雖然叫媽媽每天打電話給阿公的人是我，我自己卻做不到。我跟媽媽大概一個星期才講一次電話，而且都是她打來的。在五月的一個星期日，媽媽打來表示身體微恙，到了星期三晚上六點，我接到妹妹們的電話說正要送她去醫院。凌晨一點，她就因血液裡的毒素撒手人寰。我搭早上第一班飛機從奧克蘭飛到洛杉磯的父母家。星期五下午，她被安葬於當地的穆斯林墓地。

我試過以寫信的方式告知阿公他的長女過世。前一次跟他見面，我們說好要互相寫信給對方。信的開頭，我想要說明整個狀況，卻怎麼也寫不完。有醫學上的死因，還有我不知道該從何解釋起的肥胖、憂鬱症和財務問題。

癥結點在於我認為像我父母這樣的移民，千里迢迢到異國建立新生活，身為子女唯一的真正責任是讓彼此活著。但我失敗了。

「你有看見她嗎？」我試探地問阿公。我想盡各種辦法只為了再見到媽媽。我試著召喚她到夢裡，還找上靈媒。我的小妹在媽媽剛過世時曾感覺到她的存在，而我頂多只能召喚她到夢裡當配角。如果阿公能看見阿嬤在黑暗中出現，我很好奇媽媽會不會也開始顯靈。

他一副難以理解的樣子。他說阿嬤每天晚上都在他旁邊，他會跟她聊天。阿公說媽媽有時候深夜也在；他迷失在自己模糊又飄忽的意識中，越來越茫然。

他望向遠方，突然之間又回過神來。我看得出來這些問題令他不快。「記得這些事情有什麼用？」他說。「告訴我……」

保母當到一半，我就已經快抓狂了。凱拉把我拐來加德滿都，丟下我孤零零一個人在雨季受困屋中跟一個瘋老人共處。我仔細看了阿公的藥之後，得出一個結論：他即將失心瘋，那個失智症的藥治療阿茲海默症的早期症狀。他根本不像阿姨們在我飛來之前描述的——他只是一個暴躁老人。阿公真的要失心瘋了，阿姨們為什麼沒跟我說？我覺得自己完全被耍了。

一個醫生朋友曾說，人過了三十歲，大腦會開始縮小，而失智症患者的記憶會退回到那個年紀。這解釋了為什麼阿公不記得我，只把我當作是我的母親。要我跟暴躁老人相處可以，可是我沒料到他把我跟母親搞混會帶來什麼感受。他神志清明時，會不斷重複地講死亡的事，並哀傷地想起我媽媽。他會說她一個月前過世，我會糾正他是兩年前才對。

凱拉再次打電話來時我向她抱怨。我告訴她阿公一直出現幻覺，我覺得被困在房子裡，房子好像鬧鬼。她擔心地問我是否還有在幫阿公貼膏藥，說他們開始貼膏藥之前，阿公的幻覺更嚴重。某次他抱怨有人在他的房間裡很大聲地開派對，一大堆人放音樂在跳舞。她一進去，空空如也。

那塊膏藥很小，形狀、大小如美元一角硬幣，跟OK繃一樣黏，薄得像米紙，膚色像白人。我每天晚上的任務就是小心翼翼地撕開他手臂上的舊膏藥（他的皮膚薄得跟紙，布滿褐色老人斑、色斑和灰白毛髮，我深怕連他的皮一起撕下來），然後再找一個乾淨的地方貼上新的膏藥。他的手臂上有很多小小的暗褐色疤痕，都是膏藥撕下來時造成的。在這之前，他會吃孟加拉式晚餐，在雨季的雲朵下進行昏禮（Maghrib），撐著竹拐杖、拖著腳步走完他的一百個台階，並聽每晚的朗讀，因為他已經讀不了任何文字。最後是三顆藥丸和八滴眼藥水。

他把手臂舉到我眼前。「這是什麼東西？是抓痕嗎？」我檢查了他乾癟的手臂，不忍告訴他那些紋路是深深的皺紋，刻劃了他在世上的痕跡。

「你的皮膚太乾了，」我騙他。

這膏藥的療效讓阿嬤潛伏在他的陰影中，媽媽只是夢中的女兒。它讓幻覺化為低語，喧鬧的派對不過是腦子裡的想像。每天晚上我仔細地用指甲把膏藥摳起來，在阿公薄如紙的皮膚上留下一圈圈的疤痕，心裡都會盤算著要略過貼膏藥的步驟，讓他可以看見陰影爬上皮膚，忽明忽暗的燈光也有了解釋；讓他可以跟它們對話。要是沒了膏藥，阿嬤會從陰影中浮現嗎？媽媽是否會從夢中走出來？他能擁抱她嗎？他能替我跟她說我愛她嗎？又或許，只是或許，他能告訴我，她說了什麼？

我在三更半夜醒來，無法呼吸。一個精靈（jinn）坐在我的胸口上。至少我認為祂是精靈，一種散發黑暗的沉重靈怪。我叫不出來，一股力量扼住我的喉嚨。我知道只要大叫，阿公就能來救我。我的雙手在頭部兩側動彈不得，我掙扎、搖頭、踢腿，試圖把這東西趕走，嘴裡發不出一點聲音。

突然之間，祂消失了。我跳下床，打開燈，然後跑到窗邊，看見警衛依然站著，步槍掛在肩上。房子靜悄悄，只聽得見咕咕鐘的滴答聲。沒有任何不正常。我試著再度入睡，可能只不過是個惡夢罷了。十分鐘後，正當我逐漸睡去，祂又來了，而且這次更凶猛。

我不再質疑阿公分不清現實與幻覺。那個晚上我整夜沒睡，雙手抱膝蜷縮在床的一角，開著燈，懷疑失智症是不是會傳染。

整整十一天，我們祖孫倆一個被照顧、一個照顧人，在加德滿都那間大宅裡晃來晃去，被我們從世界各地帶來的幽靈糾纏：我被抓不住的夢糾纏；阿公則被想不起來的回憶糾纏。

接下來幾天，我不再睡那間房間，改睡凱拉的床直到她回來。神經錯亂引發的失眠讓我每個晚上都闔不了眼，而睡眠不足讓我發燒生病。我大病一場，直到離開那一天。到了要說再見的時刻，我抱著阿公哭了，他也無聲地在流淚。他站在底層，手裡拄著拐杖，一臉困惑。我想他知道我要離開了，我想我們都知道這是最後一次見面了。他在一年多後過世，讓我稍感安慰的是知道阿嬤和媽媽都在他身邊徘徊，幫助他直到大限來臨之日。

遇見失落，你可以這樣做

不中聽但別人還是會說出口的話
Shit People Say, But Really Shouldn't

情境一：「我完全了解你的感受。他到了更好的地方。」

情境二：「至少你（有兩個健康的孩子／結婚了／還活著）。他有沒有抽菸／服用預防藥物／繫安全帶？」

情境三：「事前一定有徵兆。你會變得更堅強。」

情境四：「如果你需要任何幫忙……已經一陣子了，振作起來吧！事出必有因。你隨時都可以再懷孕。」

情境五：「會花一年的時間。過了就能走出來。」

以上情境對話可能代表著：

①通常會伴隨著例子證明這個人完全不了解。
②或以其他任何問題暗示逝者自作自受。
③或以其他任何句子暗示你可以避免這個結果。
④在接下來的對話中，這個人會部分或完全消失。
⑤或任何說法要你立志「走出來」。

他們其實應該這麼說：

「我愛你。」
「我不知道該說什麼，但我願意傾聽。」
「不管你現在有什麼感受都沒關係。」
「我很想你。」
「說說你對他們的難忘回憶。」
「你星期天想要有人陪嗎？」
「我帶晚餐過去給你／去幫你清廁所／去幫你帶孩子。」

「這真是他媽的不公平。」

你只要感動地說：

「謝謝你。」

缺席＋時間：未完待續

Absence + Time: What Comes Later

Introduction 序言

嘉貝麗．柏克納（Gabrielle Birkner）

父親死後第一年，我仍感覺到他和我的生活密不可分。我很容易想起他說話的聲音與抑揚頓挫——布朗克斯式（Bronx）的南加州腔。我可以很快地喚起記憶中他更衣上班時吹的口哨，以及他覺得我很荒謬時做出的鬼臉。我能馬上說出他最愛掛在嘴邊的一句話（「凡事皆有可能」），或想像他在任何情況下會給予的建議（「沒必要理會」）。畢竟，在我經歷人生踏出的第一步、大學畢業典禮、所有里程碑與之間的歲月時，他都在場；他陪我度過一切，除了我的哀慟。

那一年，總是有人在我身邊，看看我過得好不好，並告訴我任何事有需要都可以找他們。先不論付諸行動是不是比「嘴巴說說」有誠意，我可以感受得出來他們想幫忙，也樂意獲得一些指示。我收到了廣大的朋友與同事圈寄來的數百封信，滿滿都是生動的趣聞軼事。有熱食、上門關心和電話慰問；有追授獎和種在以色列的樹；有猶太儀式，它們就算本身沒有意義，也給了我時間和空間消化痛苦。有一陣子，父親與露絲的手機還沒有停話，我會打過去聽聽他們的聲音。

那一年，到處都是他們的東西。我穿露絲的健身服運動，用他們的餐具在吐司上塗奶油，並坐在他們的餐椅上吃掉那片吐司。東西多到我必須在小鎮邊緣租一個倉庫來放；不管貴不貴重，就算送人也不用想太多——有些人知道我的雙親在家裡被殺害還願意收走，著實讓我鬆了一口氣。當別人接收了他們的沙發、衣服或寢具，無異於證明這些東西沒有被玷汙，而我沒有受到詛咒。

那一年，沒有人批判我的哀慟程度和狀況，或期待我馬上走出來，尤其謀殺案還在法庭一關又一關地審理中。我記得跟好友莫莉抱怨自己有多疲累、失神和生產力低落，她說我經歷了這些事，光是能夠「起床刷牙就足以自豪了」。護髮、寫作、洗衣服、付帳單，全都擱置一旁。

接著第三百六十六天到來，不知不覺又變成十三年，到了某個時間點，你會發現逝去的親人錯過的不只是你的哀慟。你和他們會喜歡的另一半結婚，但他們錯過了婚禮，以及孫子的出生。他們錯過了歐巴馬的當選、同性婚姻的合法化、臉書、

iPad和網路的驚人發展（我父親很早就開始使用網路，他在一九九〇年代早期幫我建立了老套的電子郵件帳號，當時同儕之間還沒有流行，「名」加上「姓」的組合也尚未成為標準）。

你會發現他們的聲音不像以往那樣在你的腦中盤旋。在連續搬家、地下室淹水、試圖重新整理衣櫃，以及跟一隻會把東西咬爛的拉布拉多貴賓狗住在一起整整兩年後，你會發現東西所剩不多。孩子若遭遇困難，你很確定你爸爸會知道該怎麼做；重點是，你想像不太出來他會給你什麼建議。他沒見過你當母親的樣子，也不是真的那麼了解身為成年人的你。到了現在，你差不多可以原諒身邊每一個忘記你已故父親冥誕或忌日的人，起床刷牙已經不算什麼。

那一年，你最沒有方向感。有好多決定要做，很多都是往傷口上撒鹽（要松木還是桃花心木棺材？墓誌銘要引用勃朗特〔Brontë〕還是雪萊〔Shelley〕？她的體香劑、他的內衣、他們蒐集的雪景球該怎麼處理？結婚時買的瓷器要給誰？）。然而那一年，也是最充滿寬恕的一年。

那一年帶來巨大的創傷，但接下來出現的比較像是純粹的哀慟——至今仍難以預料地一波波重複出現。不過多年後，就算你因此仍過得一團糟，大家還是會期望你振作起來。有時候我會停下來想，我已經好久沒見到爸爸和露絲，十三年了，這讓我更想念他們。雖然照理來說他們離開越久，我的傷痛要越淡才對。

我的父親與繼母被殺後將近十年、蕾貝卡的媽媽死後七年及爸爸心臟病發身亡後三年，我們倆創立了「現代失落」網站，這絕非巧合。經過那麼多年，我們已經不會在地鐵上哭花一張臉，或是在「失神」時剛好電話推銷員打來而情緒崩潰（你曾被電話推銷員掛過電話嗎？我就有這個經驗）。我們投入工作並活躍地發揮創意能量。我和丈夫有了一個小男孩，以我父親命名，而蕾貝卡跟我當時都即將迎接寶寶誕生。

「現代失落」並不是我們在最早、最難熬的哀慟期為了自己而創造出來的。它表明哀慟不只存在於最早、最難熬的時期；它顯示出過了第一年之後，要找到符合我們需求的著作和資源有多困難，特別是當身旁所有人開始講出「要慢慢走出來」或「看開一點」之類的話，並對我們揮之不去的憂鬱變得不耐煩時。它證明喪親不會害我們找不到幸福，即使我們多希望那些親愛的人能夠見證與分享。它也承認第一年的確最難熬，然而接下來的歲月都有各自的辛酸。

大衛
David

艾莉莎．艾伯特（Elisa Albert）
創作於二〇一八年

我不喜歡被同情，但還是接受了。我被死亡刻上了標記，很多人都避得遠遠的。有很長一段時間，我看見人有兩種：接觸過死亡的人和沒接觸過死亡的人。顯然後者加入前者只是時間上的問題。

你是個天體物理學家。你比所有人都還要聰明得多。你愛吃垃圾食物，洋芋片和可樂、可樂和洋芋片，偶爾來點糖果條。你很愛比利．喬（Billy Joel）、詹姆斯．泰勒（James Taylor），以及托托合唱團（Toto）的〈非洲〉（Africa）。我在牙牙學語時叫你「迪迪」（Dee Dee）。你在青少年時期皮膚很不好，青春期讓你不好受。你跟我們的父親一樣心胸寬大、情深義重又才華洋溢。你也跟我們的母親一樣愛發脾氣、悲觀陰鬱又才華洋溢。

你的房間貼滿了美國太空總署的海報。你在我們共用的水槽底下藏了一堆噁心到極點的黃色書刊——你以為我不會發現？當時我才八歲，看《好色客》（*Hustler*）還太小。我坐在那間浴室的地板上看到那些雜誌時，不知心跳得有多快！你喜歡道格拉斯・亞當斯（Douglas Adams）、馮內果（Kurt Vonnegut）與理察・費曼（Richard Feynman）。你的在校成績還可以，卻從來沒有發揮應有的水準（我也是）。

你的脾氣很糟，會情緒失控，為了某個我想不起來的原因暴怒。二哥會故意刺激你，並找我加入他的陣容。他為你取了「車諾比」這個綽號，因為你會「熔毀」。真抱歉我跟他一起瞎起鬨，他真的很壞心，但很「酷」，而我也想要變得很「酷」。你上大學時，我上小學三年級。多年後，你的朋友告訴我，當初你把我留在這個已經爛到底的家，覺得很有罪惡感。你的擔憂在事後讓我感到窩心，你的擔憂是對的，而且你很幸運能逃出去。

某夜，你垂死地躺在醫院病床上，而我是唯一在你身邊的人，我拉起窗簾，爬上床跟你躺在一起。我怎麼會知道要這麼做？當時我十九歲，言語不足以形容我對你的愛。我把你抱在懷裡，頭靠著你的頭。你還是毫無意識，一個機器維持你的呼吸。我抱著你一陣子，我好驕傲自己當時有這麼做，能有這樣的直覺並付諸行動，我不知道為什麼或怎麼辦到的，這一點讓我後來心裡好過很多。

葬禮上，你的至交在瞻仰遺容時不停流淚。我們全都鏟了土。二哥在拉比說話時攬住我的肩膀，他很少對我這麼好心，我坐在那裡驚訝不已，等著他把手收回去或開口嗆我，我才得以放鬆。這是一場盛大浮誇的年輕人死亡悲劇，坐七辦得熱鬧滾滾。說真的，我們是那一季鎮上最受歡迎的喪親家屬，大家都同情我們。我不喜歡被同情，但還是接受了，反正沒差。

話說回來，坐七是人類發明過最聰明、恰當和重要的儀式。精彩的派對延續了一個星期，真可惜你錯過了。每個喧鬧的夜晚到了尾聲，我們都會聚集在廚房驚人的食物堆前，笑談當天的弔唁者說了什麼蠢話。人們在喪親家屬面前會變得極度緊張，很不可思議。某位女士說我看起來胖了，另一位則說我好像瘦了。某名女子很好奇你的女友會不會想要利用你的冷凍精子生小孩；另一個人則告訴你的女友她還很年輕，一定可以遇到其他對象結婚生子。

如果我需要，可以向大學申請休學一個學期，但我並不需要。沒記錯的話，這場苦難的確讓我爭取到更好的住宿條件。而我也意識到自己奇怪又強大的新狀態——我被死亡刻上了標記，很多人都避得遠遠的。有很長一段時間，我看見人有兩種：接觸過死亡的人和沒接觸過死亡的人。顯然後者加入前者只是時間上的問題，在此期間沒接觸過死亡的人不知有多無知、膚淺和愚昧！完全是井底之蛙！應該反過來說，是我同情他們。

「你應該寫一本有關你哥哥的書，」你死後多年，某個朋友這麼對我說。聽來很刺耳，原因有兩個：一、我的所有作品裡都有你；二、告訴作家該寫什麼很智障。她的意思是我該寫一本矯情的回憶錄，有關喪親和我從中學到的所有深奧課題。我可以把陳腔濫調再拿出來重新包裝一下，作為啟發、慰藉和引導。它會成為暢銷書，讀過它的人都能過著更圓滿的人生。好想回她說我寧願幫人吹喇叭賺錢，又或許只是想想罷了。

我教創意寫作時，總是讓學生讀愛咪・漢波（Amy Hempel）寫的〈艾爾・喬爾森被埋葬的墓地〉（In the Cemetery Where Al Jolson Is Buried）。這篇省略性敘事描述一名分心又驚恐的女子無法好好面對來日不多的朋友，只擔心災難和雞毛蒜皮的小事，繞著圈圈逃避眼前即將逝去的生命。讀者通常要讀兩、三次才能理解來龍去脈。這跟我爬上你臨終的病榻，把你抱在懷裡的情況正好相反，大衛，令人難以承受。某回在課堂上朗讀故事結尾時，我哭了出來，只好跟學生說：「好了，我們下課休息一下」，以及「抱歉，各位，我有一點心事」。偶爾我會故作輕鬆地提到說，嘿，我的家人剛好也埋在艾爾．喬爾森下葬的墓地，你們說扯不扯？每次我這麼做，學生都會茫然地盯著我。有時我會懷疑該不該繼續讓學生讀這篇故事，老實說，我想自己只是希望趁這個機會公開進行這個儀式。它是我讀過把死亡描述得最貼切的故事，但漢波不像心靈雞湯那類的書籍一樣擁有廣大的讀者群。

我喜歡《前世今生》（*Many Lives, Many Masters*）和《靈魂會留下來嗎？》（*Does the Soul Survive?*），有些人在失去摯愛後會很討厭來世，但有幾年我覺得有關來世的概念極好。我不在乎這樣是不是看起來很懦弱或愚蠢。你是個天體物理學家，大衛。你知道能量不會毀滅，只會改變、轉換。

我現在有了一個很棒的小男孩，他集你的優點於一身。他以你命名，我們總是談起你，他特別愛聽你在某年夏天露營時的惡作劇，「**再說一次大衛舅舅跟刮鬍泡的故事！**」他會問有關時間與空間本質的大哉問，我會說我真希望你在這裡為他解答。

近來，我注意到街頭流行的酷炫款式，包含你以前會穿的那種難看到不行的白色耐吉高筒鞋。當年它們很難看，現在也還是很難看，但莫名其妙地變成酷炫代名詞。當年它們又醜又俗氣，你穿的鞋子和你的沒型，讓身為小屁孩的我感到丟臉。每次我看到前衛的十九歲國際化文青腳上穿著那些高筒鞋就會大笑。你走在時代的前端，老哥。你一點也不在乎，你是最酷的。

有時我在公園繞著湖跑步，會聽《俏妞的死亡計程車》（*Death Cab for Cutie*）專輯。它通常會讓我流出幾滴淚，老實說，還滿令人振奮的，在我們這個機械化的世界中。那是我享受跑步的唯一時刻，因為我正在使用健康強壯的好身體（我現在比你老了！比你老很多！），我認為自己正在為我們倆使用這副健康強壯的好身體。這麼做等於是把我所有的愛獻給你，不過你不在，所以我猜我把這所有的愛獻給了自己，這樣也很棒。很矯情，但很棒。「逝者不在哪裡？」詩人法蘭茲・萊特（Franz Wright）問道。

老爸談起你一定會哭，現在依然如此；老媽談起你，一定會發怒。我盡可能多說你的名字。你的女友有了丈夫跟孩子，我們去年夏天曾一起去野餐；我很喜歡她，稱呼她為姊妹。你死後發生了好多事，你一定會愛死網路，我的老天爺。再過幾年，你離開的時間就要比你活著的時間還長了，人生單純地、深奧地、怪異地、想不透地、無可避免地……就是這樣。

另一種可能性
Considering the Alternative

亞提絲．亨德森（Artis Henderson）
創作於二〇一八年

去糾結我們最後到底還會不會在一起已經不重要了，我恍然大悟。我永遠都不會知道答案。我知道的是兩人之間曾經有過的回憶是真的，有喜悅也有爭吵。如果我想要好好面對未來，就必須兩者都接受。

如果我的丈夫邁爾斯沒有在婚後四個月死於伊拉克，我們現在應該已經有兩個念小學的孩子，一男一女，以及一間在美國的小房子。邁爾斯會在高中教書，我會是作家。

不過，我們也很有可能離婚。

邁爾斯跟我在塔拉哈西（Tallahassee）的一間夜店認識，當時他二十二歲，我二十三歲。他正在阿拉巴馬州洛克堡（Fort Rucker）受訓成為阿帕契直升機駕駛，而我在塔拉哈西為一名美國自由派參議員工作。邁爾斯是保守的德州基督徒，他開的是皮卡車，擁有槍枝，每個星期天都會上教堂。我是個民主黨人和女性主義者，星期天寧願睡懶覺。當時我看不出來兩人之間的差異會成為我們走不下去的理由，現在卻顯而易見。

不過，我們的關係也融洽到大家都注意得到，放出的閃光足以讓沃爾瑪（Walmart）裡的陌生人停下腳步。邁爾斯雙親在德州的牧場有一張我們的合照，兩人坐在他的馬上，我在他後方，環抱著他的腰，我們笑得很自在。一個在南佛州潮池旁長大的年輕女子，不受拘束又獨立自主，怎麼會落腳在那裡？愛情有種不可思議、美麗的神奇力量。

軍方告訴我，邁爾斯的直升機在伊拉克巴拉德（Balad）北邊一座檸檬園墜毀，當場死亡。他們把他的遺體送回家，宣稱「不能觀看」。我沒有最後一次機會握他手或摸他臉。

我很難形容這股巨大的哀慟。它翻騰而起，阻擋了陽光。有很長一段時間，我總說哀慟幾乎要殺死我了。其實沒有什麼「幾乎」，我已經死了很多年，腦中有關邁爾斯的記憶，被拼湊成一段我不願去質疑的黃金過往。即使其他人提出質疑。

「你們現在應該已經離婚了啦，」邁爾斯死後七年，朋友開始這麼跟我說。「當時你們還在蜜月期。」

我會強烈抗議，因為我一直在心中投射兩人原本可以擁有的美好未來。聰明伶俐的兒女、漂亮的家、令人心滿意足的工作，彼此都與家人和樂融融地相處。我們還是會在政治上意見相左，但可以一笑置之；我們還是會讓路人轉頭。不過，事情真的會如我想像的發展嗎？

我們交往兩年，沒必要急著結婚。不過在邁爾斯派駐海外前結婚很重要。當然有實際的理由——要是有了什麼萬一，我會是最近的親屬——也是為了證明我們有共度人生的決心，所以在他出發前舉辦了婚禮。

部署的時間長達十五個月。我們之前就已經心裡有數——邁爾斯的單位九個月以來都在為伊拉克做準備——但知道一件事會發生跟實際經歷這件事很不一樣。這樣的分離對任何夫妻來說都很難熬，更何況是剛新婚的我們。在某種程度上，我開始理解並擔心成為軍眷以後的生活：不斷搬家，永遠離不開軍事基地、它們周遭的脫衣舞俱樂部與刺青店；身分無論如何都會跟丈夫綁在一起。

邁爾斯在戰爭初期被派駐，我們每兩個星期能講上一通二十分鐘的電話就很幸運了，通常都是通信。有的充滿柔情蜜意，有的火藥味十足，我發洩了不滿的情緒，抱怨自認所做出的犧牲，以及軍階較高的眷屬對我的頤指氣使。我說想在佛州買一間離娘家近的房子（遠離軍隊），未來在他派駐期間可以過去住。他指責我試圖逃離。或許真是如此。

他死後，我拒絕再去讀那些信。甜蜜的讀了會傷心，我知道。更甚者，我怕火爆的會毀了我建構出來的過往。

最近，我偶然發現了兩人婚前同居時我寫的舊日記。翻開某頁來讀，我被嚇到了，堅定的字跡表達的全都是多年來我不願承認的不滿。我很氣他的訓練和演習讓我們經常分離，很氣自己爛透的教師助理工作，很氣我沒有住在國外，還有——最糟糕的——很氣邁爾斯。我把所有怒氣都歸咎於他。我手上拿著日記，坐在家中地板上，讀過一頁又一頁，震懾到動彈不得。

那一晚我躺在床上睡不著，想起那些預測我們會離婚的人。我第一次懷疑他們搞不好是對的，我們的感情是不是註定要破裂？這個想法讓我好幾晚都闔不上眼，直到最後我向一群結婚幾十年的女人吐露心聲。

我說了那些信和日記的事。她們冷靜地看著我，表情不帶一絲驚訝或暗示這場婚姻的確正在瓦解。她們向我保證，感情再怎麼複雜，都不足以否定其中正面的部分。

「你們的婚姻不完美？」其中一人說道，「這很正常啊！」

去糾結我們最後到底還會不會在一起已經不重要了，我恍然大悟。我永遠都不會知道答案。我知道的是兩人之間曾經有過的回憶是真的，有喜悅也有爭吵。如果我想要好好面對未來——迫切渴望——就必須兩者都接受。

忌生日
The Deathday-Birthday

妮琪·雷莫（Nikki Reimer）
創作於二〇一八年

我的忍受度隨著時間提高了。我不再像以前喝得那麼多，我會靜坐和閱讀有關無常、接納和痛苦本質的書籍。痛苦是我必須學習駕馭的波浪。我永遠都不會釋懷，但我已經接受了這個事實。

第0年。生日以往是家裡的大事。會有驚喜派對、可以拿到大禮的複雜尋寶遊戲，以及長達一個星期的慶祝活動。七歲生日，我得到的禮物是穿耳洞與一張水床。雷莫家的孩子被寵得很誇張。

我三十二歲生日前一天，丈夫強納森接到好幾通電話，我沒有感覺到任何異狀，以為有人會送花或一盒杯子蛋糕過來。

事實卻令人難以置信，我深愛的弟弟克里斯，唯一的手足，出乎意料地死亡，他一個月前才剛過二十六歲生日。我買來要送他當生日禮物的全新Roots皮帶還躺在我家客廳角落。我真是個誇張的混蛋。

我的生日馬上從壽星最大、縱情享樂的一天，延伸為四十八個小時的崩潰地獄，最後我將它重新命名為「忌生日」。

當我打電話到父母家，告知要坐哪班飛機回去參加葬禮時，克里斯的女友蕾娜是唯一祝我生日快樂的人。我很感動她記得，也很慶幸其他人都沒有提起這件事，我對於自己之前的無知與歡慶生日的自私感到羞恥。

那一整天，強納森幫我拿來安定文錠（Ativan）和水、揉我的背、要我試著吃點東西。客人來的時候，他殷勤接待。幾個朋友帶了蛋糕，我坐下來跟他們一起喝伏特加，沒過多久就又回去床上躺。我在臥室可以聽見他們的笑聲，試著在心裡將它緊緊抓住，就像喝醉時感覺整個房間都在旋轉，因此把一隻腳放在地板上穩住身體一樣。我緊閉雙眼，他們的聲音將我拉回地球上。

克里斯死後不久，我和強納森離開溫哥華，搬回老家卡加利（Calgary），兩人沒工作、沒房子、沒計畫。我們住在我父母家，老公每天都跟老媽吵架。每個人的狀況都很糟，互相攻擊彼此的痛處。

第一年。在第一個忌生日，我參加了在山上舉辦、為期兩週的寫作入駐，並開啟一個多媒體輓歌計畫。我覺得很有罪惡感，丟下家人讓他們在克里斯的第一個忌日吵成一團，自己跑到山上創作，但為了自己精神的理智，我有必要這麼做。

忌日前一天，我在一座老移民墓園附近遊蕩。我借來錄音機，錄下了靴子踩在雪上的嘎吱聲，以及鐵門在風中開開關關的鏗鏘聲。我讀了墓碑上的字，很多孩子與年輕人在一八九〇年代至一九二〇、一九三〇年代失去生命。那個年代，早夭並不少見。

我在一棵樹下為克里斯的鹿皮手套照了一張相片，並寫了一首詩，結尾是：「我等著你的手套在我手中活過來。」很矯揉造作。我成了多愁善感的妮琪・雷莫，未來的生日掃興者。

我向同樣入駐的新朋友告知了克里斯的忌日，大家以昂貴的蘇格蘭威士忌敬他。隔天，其中一小群人跟我到一間很別緻的餐廳慶祝生日。這些小小的頹廢時刻，距離我痛苦的新現實，感覺有好幾光年那麼遠。我很感激第一個忌生日是跟藝術家一起度過的，他們不會跟一般親戚或同事一樣，被我極其強烈的哀慟嚇跑。

第二年。我變得很討厭生日。我的生日、克里斯的生日、每個人的生日。在社群媒體上看到其他人跟兄弟姊妹慶祝彼此的生日，是最令我難受的。我們小表親的年紀都已經比克里斯還要大了，很討厭。我大克里斯六歲，以為兩人會永遠在一起，以前常常在心中數未來我們會變成幾歲：他二十四、我三十；他三十四、我四十。他一死，我便失去了所有時間和記憶感，腦袋裡好像充滿了黑洞。

我把臉書暱稱改為「生日掃興者」。每六個月就會有人傳訊息來，問為什麼我的名字顯示出來會被自動校正為「生日快樂」。「那是因為我的暱稱是『生日掃興者』！」他們都覺得很好笑，但我不是要搞笑。我真的想要讓每個地方的所有生日都變得很掃興。

我們在某間酒吧為克里斯辦了忌日聚會。一對正在約會的情侶大方地闖了進來，自己坐下，我不懂他們怎麼沒有馬上被我強烈的恨意殺死？他們怎麼敢這麼大聲地談笑和調情？即使我們在傳小杯烈酒又敬酒，他們還是搞不清楚狀況。我大概喝了比平常還要多三倍以上的量，現場的情緒緊繃到令我難以承受。我跟克里斯的每一個哥兒們說「我愛你」，我抱他們抱得太緊，親他們所有人的臉，說我愛你我愛你我愛你我愛你。彷彿這一份對克里斯無與倫比的愛可以傳達給地下的他。

至於我的生日，我躺在床上一整天，滿身是汗，不是往桶子裡嘔吐就是試著吞下乾吐司。那一年我三十四歲。

第三年。我與強納森習慣了卡加利的新生活，經過了一個月又一個月的痛苦日子。我們在我的公司附近租了房子，他在家做自由審稿工作。我們還是很想念溫哥華的朋友、舊家與過往的日常。所知一切的破滅讓兩人都很難熬，雖然他對我失去弟弟的哀慟有著無限的耐心，但有時我們仍會因為壓力大而吵架。

我們將忌日慶祝會移到租屋處的寬敞客廳，不免俗地還是有喝到爛醉的荒唐場面，氣氛在強納森吹賽克斯風、克里斯死黨馬克吹奏爐管的即興自由爵士表演中，嗨到最高點，我很感動他的朋友們仍想記住他。所有男生都跟我爸說了我愛你。

我在自己的生日當天再度宿醉，強納森把蛋糕帶來床上。媽媽吃晚餐時感到不適，大家沒吃甜點就離開了餐廳，她回到我們家後在廁所嘔吐。我們現在不再任由情緒爆發，而是小心翼翼對待彼此，不是很確定該怎麼自處。我去做了廣泛的諮商並試著表達感受，但我的父母沒進行任何療程。我一直坐等他們被壓垮，雖然爸爸總借酒澆愁，而媽媽的情緒以生病和出疹子的形式顯現。忌生日的主題一直以來都是排泄。

第四年。朋友已經不再聚會，令人傷心，但沒關係。一切都令人傷心，也都沒關係。隨著時間過去，觸發點漸漸可以受到控制，爆炸的程度也變小了。忌日那一天，四個人在我父母家吃著安靜的晚餐。

這一年換我生病。媽媽載我去看醫生，拿更多處方藥。我們先在中途停下來喝精品咖啡，想為我的生日帶來一點火花。

住在一百三十哩外的祖母寄來了一個信封，裡面有兩張卡片。「只是想讓你知道……我在這個艱難的時刻想起你。」以及「孫女，你是個美好存在，不僅獨一無二……還是千載難逢的！生日快樂。」她懂我。

我對忌生日的忍受度隨著時間提高了。我不再像以前喝得那麼多，我會靜坐和閱讀有關無常、接納和痛苦本質的書籍。

不過我依然是生日掃興者。才在昨天，一張朋友和她弟弟的老照片出現在我的動態消息上，刺痛地提醒我失去了什麼，不過痛苦是我必須學習駕馭的波浪。我永遠都不會釋懷自己無法跟克里斯一起變老，但我已經接受了這個事實。

「明年我們來幫你辦生日派對，」強納森某天跟我說。「我想你已經準備好了。」

「不知道。可以啊。再說啦。或許吧。」

二位數
Double Digits

妮西塔．J．梅拉（Nishta J. Mehra）
創作於二〇一八年

我的哀慟該長大並往前走了。逝者從來不會真正離開我們，傷疤既帶來痛苦也提供保護，愛是全世界最強大的力量。

我的哀慟上個星期十歲了。十歲很不得了，你知道的，是二位數。十歲已經大到可以自己進行一些過去需要成人陪同才能做的事；十歲大到可以講出令人印象深刻的話，有一些影響力可以發揮；十歲可以比較晚睡，零用錢可以拿比較多。

然而，十歲也代表即將被歸類為開始要抽高的「青春期前孩子」，聽起來像是一種令人煩惱的疾病。大人不再事事寬容，而是認為你要「懂事」。

我的父親過世已經十年，我感覺得出來其他人都認為我的哀慟該長大並往前走了。沒有人想要跟我十歲大的哀慟鬼混，他們都厭倦了，並在它試著吸引注意力時變得有些尷尬。他們已經夠遷就它了，聽它的故事，看著它滾出豆大的淚珠。我的哀慟還是想要抱抱，窩在人家腿上，抓著絨毛娃娃，甚至是吸它的大拇指，但它已經大到不該再做這些事了。

十年的哀慟足以讓我學會如何煮父親最愛的每道菜色，我會在父親節、他的生日或爸媽的結婚紀念日準備。十年的時間長到讓我了解所有兒童電影無可避免會有父母親死掉或不在的情節，所以想看電影最好在家看，而不要去電影院。我累積了足夠的經驗在朋友婚禮上等到第一支舞快結束時，跑去躲在廁所裡，因為接下來一定會有父女共舞的橋段。

十年代表你不再擔心要怎麼從床上爬起來、好好沖個澡，或在別人告訴你「事出必有因」時抑制想要揍人的衝動。你不再掉頭髮，失眠也不藥而癒。朋友和熟人已經很久沒有用誠摯的一號表情問「你過得好嗎？」但你有點希望他們這麼做。

至今，我的生命中有其他人加入了這個長久以來只有我一個人的俱樂部；雖然我很高興這個俱樂部會所不再是我自己玩，可是我其實不希望任何人來到這個地方。我覺得自己像是個青少年奇幻小說裡的傳令者，你知道的，在男主角／女主角抵達未知領域時迎接他們的那種神祕角色？我不能跟他們一起走，但我可以將十年的哀慟像密碼地圖一樣攤開在他們面前，指著遠方的高山，警告他們路上會遇到什麼怪物。

透過他們，我發現我允許自己沉浸在悲傷中好久了。父親離世的事實讓我真真切切、毫不保留地受到打擊，不時爆哭，直到現在仍是如此。十年前，我根本不需要特地保留時間給哀慟，因為每天時時刻刻發生在眼前的任何事都可能是觸發點。而我的生活已經可以容納父親的缺席，並讓我完成一開始覺得沒有了父親便做不到的人類日常任務。我早該這麼做，現在也創造了令我自豪、幸福美滿的人生，但我內心很渴望回到二十三歲、回到童年的床上以及剛經歷失去和哀慟而麻木的狀態，就算只有一刻也好。

父親走後那幾年，他在某一天會現身、按門鈴，並解釋一切都是可怕錯誤的可能性，一直圍繞著我的日常生活，像是個只能記得一半的夢境。在我讓它停止之前，我的手已經拿起電話打給他。我會在一間新的餐廳吃飯並想「噢！我該帶爸爸來這」，但我的腦袋慢半拍才打斷自己。

然而至今，發生了太多事情，爸爸也錯過太多了。我拿到碩士學位，我寫了一本書，我結婚並有了一個兒子。我的日常生活脈絡跟十年前相去甚遠，除了我媽以外，我每天會互動的人幾乎都不曾見過我爸，但空虛感沒有減輕，只變得更沉重。更甚者，我無法將今日的我跟父親十年前過世的事實分開，他的死和我的哀慟形塑了我如何在這個世界上過活。

父親過世的那個夏天，我的教子們也出生了，是好朋友的一對雙胞胎兒子，我跟他們同住並照顧他們，在父親毫無預警突然住院時也是，直到他嚥氣前幾天。你找不到比這個更豐富的象徵了——如果放在小說裡，會太過於明顯——但我當時就是如此被新生命和死亡圍繞。我在半夜醒來餵小孩、昏昏欲睡地準備奶瓶，踱步於安靜的屋子裡哄著小小的身體再度入眠；接著趁午睡時間開車去醫院，按下加護病房的密碼，進去朗讀給父親聽、握著他的手、看著他漸漸死去。

現在這對雙胞胎跟我的哀慟一樣十歲了，他們長手長腳、恣意成長，顯現出時間的變化。時間怎麼可以過得這麼快，這些男孩已經大到可以參加足球隊並自己讀小說了？很巧，他們剛剛讀完《哈利波特》系列，在我父親的十週年忌日後幾天結束第七集。我很欣慰這兩個陪伴我度過第一次死亡經驗的新生命，現在從小說中學到了課題；逝者從來不會真正離開我們，傷疤既帶來痛苦也提供保護，以及愛是全世界最強大的力量。

誌謝
Acknowledgments

感謝我們的經紀人蕾貝卡・格拉丁格（Rebecca Gradinger）與克莉絲蒂・弗萊徹（Christy Fletcher），她們對這本書的信心從找上我們那一刻起都沒有動搖過。

也感謝我們體貼的哈珀韋伍出版社（Harper Wave）編輯凱倫・里納爾迪（Karen Rinaldi）和莎拉・墨菲（Sarah Murphy）；「失親女子」的成員，她們是「現代失落」的根基；弗萊徹（Fletcher & Company）的維若妮卡・戈德斯坦（Veronica Goldstein），以及梅莉莎・巴耶茲（Melissa Baez）。

「現代失落」能夠成為一個更強大的社群，要謝謝Awesome Without Borders與哈尼希基金會（Harnisch Foundation）的支持；瑞秋・史卡勒（Rachel Sklar）、葛林妮絲・梅克尼可（Glynnis MacNicol），以及The Li.st的每個人；蘇珊・麥克弗森（Susan McPherson）；還有故事庫（StoryCorps）的大衛・艾賽（Dave Isay）。特別感謝我們才華出眾又盡心盡力的特約編輯、專欄作家與製作人妮可・貝蘭傑

（Nicole Belanger）、妮娃・多瑞爾（Niva Dorell）、特蕾・米勒・羅德里格斯（Tré Miller Rodríguez）、珍妮佛・里奇勒（Jennifer Richler）、馬修・羅德里格斯（Mathew Rodriguez）、茱莉・薩托（Julie Satow）、梅格・坦西（Meg Tansey），以及每位跟我們公開或祕密分享喪親故事的人。

蕾貝卡謹此感謝：

我心愛的「早午餐俱樂部」：蕾貝卡・阿什肯納茲（Rebecca Ashkenazi）、莎拉・布勞格蘭德（Sarah Blaugrund）、迪・卡爾利席（Dee Carlisi）、蘿倫・費雪（Loren Fisher）、凱特・弗萊德曼（Kate Friedmann）、丹娜・甘德斯曼（Dana Gandsman）、哈妲・赫墨尼（Hader Hermoni）、希拉莉・哈克伯格・索海特（Hilary Hochberg Shohet）、塔莉・拉斐利（Tali Rafaeli）、伊拉娜・夏茲（Ilana Shatz）和艾莉莎・湯柏克（Alyssa Tomback）。我只願跟你們一起大哭大笑。

泰法・哈里斯（Taifa Harris），我在這一路上找到的姊妹。

凱莉・唐納荷（Kerry Donahue），我的朋友以及在寫作、製作、教養與各方面的導師。

布魯斯・派特森（Bruce Patterson），早在我之前發覺我的韌性。

付出心力的母親好友：珊卓・甘德斯曼（Sandra Gandsman）、西比爾・吉爾瑪（Sybil Gilmar）、珊卓・赫森（Sandra Herson）、茱蒂・里許（Judy Leash）和丹尼絲・莫里斯（Danice Morris）。

貝芙・布拉克（Bev Black）的一號公路自駕行，以及布雷特・迪克斯坦（Brett Dickstein）的耶誕樹。

提姆・費德爾（Tim Federle），你的機智、溫暖和鼓勵。同時，你也是我夢想中的朋友。

我的《荷伯報告》同事，租了一部貨車來參加我媽媽的葬禮，我永遠不會忘記你們的好意。

我的親友經常在跟我一起吃一大堆薯條的同時，提供創意與生意支持、加油打氣、耐心和軟硬兼具的愛：梅琳達（Melinda）和克里斯・塔貝爾（Chris Tarbell）、茱莉安娜（Juliana）和羅勃・布倫（Rob Bloom）、露絲・安・哈尼許（Ruth Ann Harnisch）、班吉・帕薩克（Benj Pasek）、凱西・赫許－帕薩克（Kathy Hirsh-Pasek）、傑佛瑞・帕薩克（Jeffrey Pasek）、賽娜・陶伯（Shaina Taub）、溫蒂・麥克諾頓（Wendy MacNaughton）、大衛・蓋爾斯（David Gelles）、瑞秋・艾克斯勒（Rachel Axler）、伊莉莎・巴克（Elyssa Back）、道格・楊格（Doug Young）、羅恩・萊伯（Ron Lieber）、裘蒂・康特（Jodi Kantor）、琴・維達爾（Jean Vidal）、保羅・多門奇克（Paul Domencic），以及莫琳・懷特（Maureen White）。

伊森・弗蘭佐（Ethan Franzel），建議我成立一個新的基金會。

「ROI社群」與「舒斯特曼家族基金會」（Charles and Lynn Schusterman Family Foundation），支持想要為療癒世界盡一份力的人。

布蘭妮・莫雷諾（Britnry Morello）與百老匯音樂劇托兒所，透過充滿愛的保育服務給了我珍貴的寫作時光，同時帶領我的兒子們進入桑坦的世界。

齊格（Ziggy），我的第一個毛孩子，我帶你參加爸爸的坐七，你從來不讓我覺得奇怪（可能是因為你不會說話）。

嘉比（Gabi），你的真摯友誼和編輯巧思。

諾亞（Noah）和艾略特（Elliot），你們以我從沒想過能擁有的快樂能量和無條件的愛，填滿了我的日日夜夜。

還有賈斯汀（Justin），要是沒有你，這本書和「現代失落」大概都不會存在。

謝謝你與我共度此生，不管遇到什麼事還是能一起歡笑，也謝謝你實現我們在誓言中承諾給予彼此的旅程和好食物。

嘉比謹此感謝：

我的母親和繼父，羅尼（Roni）和艾倫・蘭格（Allan Lang），你們的鼓勵和祖父母愛的擁抱。

我的朋友和同事，在喪親最艱難的時刻陪我挺過去：安娜貝爾・托瑞・雷蒙（Annabel Torrey Raymond）、瑪妮（Marnie）和布萊德・海爾凡（Brad Helfand）、莎拉・阿洛伊斯特・布勞格蘭德（Sarah Aroeste Blaugrund）、辛蒂・薛爾（Cindy Sher）、蘇西・倫敦（Susie London）、亞莉克莎・威爾（Alexa Weil）、琳賽・費爾德曼（Lindsay Feldman）、潔西卡・萊文・阿莫羅索（Jessica Levin Amoroso）、梅蘭妮・克隆（Melanie Kron）、雅各・柏克曼（Jacob Berkman）、傑瑞米・開普蘭（Jeremy Caplan）、茉莉・榮格－法斯特（Molly Jong-Fast）、安德魯・波爾克（Andrew Polk）、琴・柯彼特－帕克（Jean Corbett-Parker）、奧黛莉・佛爾塞勒（Audrey Forsythe）、伊莉莎・史特勞斯（Elissa Strauss）、艾莉森・亞羅（Allison

Yarrow）、吉娜・迪羅倫齊（Gina DiLorenzi），以及已故的亞伯特・迪羅倫齊（Albert DiLorenzi）、麗莎（Lisa）和約翰・布魯尼格（John Breunig）、朵娜（Donna）和強納森・盧卡斯（Jonathan Lucas），以及克莉絲汀娜・路易斯・哈爾波恩（Christina Lewis Halpern）。我永遠不會忘記你們的好意。

大衛（Dave）和貴子・霍蘭（Takako Holland），以過人的誠信承擔了最難以想像的角色之一。

馬修・史托茲爾（Matthew Strozier）和羅勃・史托茲爾（Robert Strozier）指引我到「安全地平線」，還有維爾瑪・托瑞斯（Vilma Torres）、已故的泰瑞莎・皮爾斯（Theresa Pierce），以及「凶案受害者家屬」計畫的每個人對我的歡迎。

丹・萊維（Dan Levey）以及他在「全國遇害兒童父母組織」的團隊，投注一輩子的心力為犯罪受害者發聲。

盧卡斯・威爾考克森（Lucas Wilcoxson）和塞多納警局，你們的敬業精神。

黛博拉・寇爾本（Deborah Kolben）、艾咪・伊登（Ami Eden）、潔恩・艾斯納（Jane Eisner）、蓋瑞・羅森布拉特（Gary Rosenblatt）和賽斯・利普斯基（Seth Lipsky），很榮幸能向你們學習；我在座位上哭泣時，你們遞給了我紙巾。

蘿拉・辛伯格（Laura Sinberg）、麗莎・波瑟（Liza Percer）、艾咪・蔡（Ami Eden）、塔莉・拉維德（Taly Ravid）和蕾貝卡・格林菲爾德（Rebecca Greenfiled），你們的洞見讓這本書變得更好。

艾斯萊森（Asleson）兄弟姊妹，你們彰顯了家的意義。

凱伊（Kay）、傑夫（Jeff）和米雪兒・柏克納（Michele Birkner）、艾咪・柏克納（Aimee Birkner）和麥可・漢普頓（Michael Hampton）、已故的伊娃・柏克納（Eva Birkner）、露絲・赫曼（Ruth Herman）、南茜（Nacy）和史都華・席佛（Stuart Siefer，以及拉菲〔Rafi〕）、史蒂芬・雅各斯拉比（Steven Jacobs）、約書亞・漢莫曼拉比（Joshua Hammerman）、珊卓・查尼克（Sandra Chernick）和安德魯・史拉彼（Andrew Slaby），你們給予的支持和關心。

艾拉娜・艾恩（Alana Ain）和丹・艾恩拉比（Dan Ain），你們的智慧和慈愛。

蕾貝卡・索佛（Rebecca Soffer），你的遠見和珍貴友情。

還有我深情的丈夫，傑瑞米・席佛（Jeremy Siefer），以及我們的兒子索爾（Saul）和漢克（Hank），你們讓我每一天都很快樂。

撰稿人簡介

Acknowledgments

坦吉拉・「塔茲」・阿邁德（Tanzila "Taz" Ahmed） 住在洛杉磯的社會運動者、說書人和政治家。她是#GoodMuslimBadMuslim播客的共同主播，此播客曾上《歐普拉雜誌》、《連線》和*BuzzFeed*。二〇一六年，塔茲獲頒白宮亞太裔行動計畫藝術與說書「變革領袖」。身為熱心的散文家，她每月撰寫「徹底的愛」（Radical Love）專欄，也曾為*Sepia Mutiny*、*Truthout*、*Aerogram*、《國家》（*Nation*）和《左轉雜誌》（*Left Turn Magazine*）等刊物執筆。她的文章發表於《好女孩嫁醫生》（*Good Girls Marry Doctors*）和《愛，若真主意欲》（*Love, Insjallah*）選集，以及《盤蛇》（*Coiled Serpent*）詩集。她也每年與#MuslimVDayCards創作破壞性藝術。

艾莉莎・艾伯特（Elisa Albert） 小說《出生之後》（*After Birth*）、《妲莉亞

之書》（*The Book of Dahlia*），以及短篇小說集《這一夜非比尋常》（*How This Night Is Different*）的作者，也擔任選集《佛洛依德的盲點》（*Freud's Blind Spot*）的編輯。她的小說和非小說作品曾出現在《紐約時報》、《衛報》、《時代雜誌》、《錫房子》、《評論》、《格爾尼卡》（*Guernica*）、《喧囂》（*the Rumpus*）、《驛路》（*Post Road*）、《洛杉磯書評》、《紐約雜誌》、全美公共廣播電台以及許多選集。她正在準備新小說、短篇小說和阿斯坦加（Ashtanga）第一級。

莎拉・費絲・奧特曼（Sara Faith Alterman）　與團隊共同製作了深獲好評的舞台秀《丟臉丟到家》（*Mortified*），由成人分享小時候做出的尷尬東西。她是小說《我的十五分鐘》（*My Fifteen Minutes*）和《班級小丑的眼淚》（*Tears of a Class Clown*）的作者，並為暢銷六字故事集《人算不如天算》（*Not Quite What I Was Planning*）撰稿。她與丈夫、兒子和一隻從中國救／綁架回來的狗兒一起在舊金山生活。

麥可・亞希諾（Michael Arceneaux）　在休士頓長大、霍華德大學畢業的作家，目前居住於哈林區。他的文章涉獵文化、性傾向、種族、性別、政治和碧昂絲，曾出現在《紐約時報雜誌》、《滾石》、*Elle*、*Complex*、*Teen*、*BuzzFeed*、*Essence*、*Ebony*、《時尚》、《衛報》、《君子》等刊物。此外，麥可也於MSNBC、VH1、BET、天狼星衛星廣播和全美公共廣播電台等媒體上發表過評論。麥可在二十歲時被招募為牧師；他嚴正拒絕。

瑪蒂・J・裴金（Mattie J. Bekink）　阿姆斯特丹的顧問兼作家，提供制度策略、人權、通訊與中國策略方面的諮詢服務。她的文章曾出現於《衛報》、《華爾街日報》、《南華早報》、《恐怖媽咪》，以及《現代失落》。瑪蒂會說流利的中文，精通荷蘭文和一點義大利文與阿拉伯文——所以在她附近說話時要小心，她可能會知道你在想什麼。

艾蜜莉・拉普・布萊克（Emily Rapp Black）　《海報兒童：回憶錄》（*Poster Child: A Memoir*）和《旋轉世界的靜止點》（*The Still Point of the Turning World*）的作者，後者為《紐約時報》暢銷書。她的作品曾出現於《時尚》、《紐約時報》、《歐

普拉雜誌》、《紅書》、《太陽報》和其他許多刊物。她是加州大學河濱分校創意寫作的助理教授，與作家兼編輯丈夫肯特・布拉克（Kent Black）及家人住在棕櫚泉。她喜歡動作片、漫畫電影和泰勒絲的音樂。

海倫・切莉克芙（Helen Chernikoff） *Forward*新聞編輯。她建立了部落格「新常態：部落格經營障礙」（The New Normal: Blogging Disability），以及《猶太週刊》（*The Jewish Week*）的美食美酒網站。她過去曾是力圖以獨家新聞撼動股市的商業記者，也是個拉比學校的中輟生。海倫擁有哥倫比亞大學的公共行政碩士學位，以及安默斯特學院的歷史與法文學士學位。

喬伊・薛尼拉（Joey Chernila） 居住在麻州大巴靈頓的教育工作者，於當地主持現場說故事活動「無墨」（Inkless）。喬伊的簡介出現在二〇一五年由珍・維納德牧師（Jane Vennard）著作的《神聖藝術教學》（*Teaching the Sacred Art*）一書中。他的繪畫和文章在波克夏的生日卡片上都看得到。

亞曼達・克萊曼（Amanda Clayman）　財務治療師，助人收支平衡。她為國家藝術非營利組織「演員基金」創立了「財務健康計畫」，並率先將認知行為法用於財務教育。她為全美各地組織運作研討會和團體，也是領英線上學習網站Lynda.com好幾堂課程的作者。她對英國君主政體有著近乎痴迷的狂熱。

露比・達徹（Ruby Dutcher）　作家，最近從巴納德學院畢業。作品曾出現在《現代失落》、《眼睛雜誌》（*Eye Magazine*）和《哥倫比亞每日觀察家》（*Columbia Daily Spectator*）。她和家人以及兩隻狗「健力士」與「醬油」住在洛杉磯。

凱瑟琳・芬納利（Catherine Fennelly）　身分是位妻子、母親、理髮師和麻州昆西非營利組織「發洩拳擊」（Let It Out Boxing）的創辦人。她的右鉤拳很猛。

麥可・弗拉米尼（Michael Flamini）　紐約市聖馬丁出版社（St. Martin's Press）執行編輯。他的處世哲學，特別是在艱難時刻，可引用瑪麗安・康寧漢（Marion Cunningham）介紹《芬妮法爾瑪烹飪書》（*The Fannie Farmer Cookbook*）

的話作結：「每一餐都應該是一場小慶典。」他住在（和吃在）紐約市與波克夏。

莎拉・福克斯（Sarah Fox） 她走完朝聖之路後又繼續旅行了幾個月——出乎意料地停留並愛上太平洋群島。現在住在關島，享受被美麗海洋圍繞的時光。她正在寫她的第一本小說。當她不坐在書桌前時，會花時間以她最熟悉的方式探索這座島嶼——踩著磨損的登山靴。

艾咪・美香・金瑟（Amy Mihyang Ginther） 加州大學聖塔克魯茲分校教授。她曾在美國、英國和南韓居住、教書和表演。她最近的個人秀Homeful在倫敦、亞特蘭大與舊金山藝穗節上演。她因提倡被收養者權利曾登上《紐約時報雜誌》封面，也曾在南韓清州TEDx演出。艾咪試圖不靠冰淇淋機做出冰淇淋，極度厭惡街上的猴子。

金・高德曼（Kim Goldman） 凶殺受害者羅恩・高德曼的妹妹，她長期為受害者發聲，並擔任全美犯罪受害者中心的董事。她也是「青年計畫」執行長，它為青少年提供免費輔導。金曾因著作《他的名字叫羅恩：尋求正義之路》（*His Name Is Ron: Our Search for Justice*）和《假如我做了：殺手的自白》（*If I Did It, Confessions of the Killer*），二度登上《紐約時報》暢銷書排行榜。金最近出版了兩本書《無法原諒：我與ＯＪ辛普森的二十年戰爭》（*Can't Forgive: My Twenty-Year Battle with O.J. Simpson*）和《媒體馬戲團，公眾眼中的私人悲劇》（*Media Circus, A Look at Private Tragedy in the Public Eye*）；她共同主持每週播客Broadcast，並擔任《每日犯罪調查》（Crime Watch Daily）的特派記者。身為單親媽媽，金也抽空管理兒子的籃球隊和培養非常健康的鞋子癖好。

麥可．格雷夫（Michael Grief）　在百老匯和外百老匯以及美國各地區主要劇院執導音樂劇、新舞台劇和經典劇。他目前正在執導百老匯《致伊凡韓森》和《戰妝》。麥可為人所知的是與一些當代劇場界巨擘建立了長期的創意關係，包括東尼．庫許納（Tony Kushner，《美國天使》、《聰明同志指南》〔*The Intelligent Homosexual's Guide*〕）、史考特．法蘭科（Scott Frankel）和麥可．柯利（Michael Korie）、湯姆．吉特（Tom Kitt）和布萊恩．佑奇（Brian Yorkey），以及主要機構像是公共劇院和拉霍亞劇場（La Jolla Playhouse）。他亦執導了普立茲獎音樂劇《吉屋出租》和《近乎正常》，並榮獲四項東尼獎提名及三座奧比獎。他擁有西北大學學士學位與加州大學聖地牙哥分校藝術碩士學位。

亞提絲・亨德森（Artis Henderson）　著作《未再婚寡婦》（*Unremarried Widow*）為《紐約時報》編輯選書，名列超過十個「年度最佳」書單。她擁有哥倫比亞大學新聞學院研究生學位，並曾以扶輪獎學金在西非深造。她目前住在西南佛州並在此教授寫作，對當地生態著迷不已。

查米克・霍德斯克勞（Chamique Holdsclaw）　女子籃壇的指標人物，三度協助田納西大學女籃隊稱霸全美。六度入選WNBA全明星，並於二〇〇〇年雪梨夏季奧運奪得金牌。已經從籃壇退休的查米克如今在全球呼籲別再將心理疾病汙名化。閒暇時，她會偷偷練狐步，希望可以在《與星共舞》（*Dancing with the Stars*）軋一角。

露西·卡拉尼提（Lucy Kalanithi） 史丹佛大學醫學院內科醫師，也是已故保羅·卡拉尼提（Paul Kalanithi）的遺孀。保羅是回憶錄《當呼吸化為空氣》（*When Breath Becomes Air*）的作者，露西為它寫了後記。露西於耶魯大學完成醫學士學位，並於加州大學舊金山分校和史丹佛大學臨床治療成效研究中心，接受學士後醫學訓練。她與女兒凱蒂（Cady）住在舊金山灣區，並利用她的英美雙重國籍合理化她對蘇格蘭蛋的愛。

安東尼·金恩（Anthony King） 曾獲艾美獎提名的作家、導演和表演者。他共同編寫的外百老匯秀《古騰堡！音樂劇！》（*Gutenberg! The Musical!*）也在倫敦外西區上演，現在全世界都看得到。安東尼曾為CBS、HBO、A&E和AMC開發電視節目，並為《矽谷群瞎傳》（*Silicon Valley*，HBO）、《大城小妞》（*Broad City*，爆笑頻道）、《搜尋死黨》（*Search Party*，TBS）、《過家家》（*Playing House*，USA）、《開荒島民》（*Wrecked*，TBS）、《哈啦夏令營：入營第一天》（*Wet Hot American Summer*）與《十年後》（*Ten Years Later*，Netflix）等劇編劇。他目前正在與華納兄弟為百老匯製作《陰間大法師》（*Beetlejuice*）的音樂劇版本。他與妻子和兩個女兒住在洛杉磯。還有，他討厭棉球。認真說，它們最糟了。

瑪麗莎・芮妮・李（Marisa Renee Lee） 二〇〇五年從哈佛大學畢業，並開啟了在布朗兄弟哈里曼銀行（BBH）的職涯。在金融界工作時，瑪麗莎為了紀念母親莉莎（Lisa）創立了乳癌非營利組織「粉紅議程」（Pink Agenda）。二〇一〇年，瑪麗莎接受了歐巴馬總統的任命，最終她在美國小型企業管理局和白宮之間擔任過四項職務。瑪麗莎曾任非營利組織「我兄弟的守護者聯盟」（My Brother's Keeper Alliance）的執行董事，它致力於消除有色男孩和青年面臨的機會落差。瑪麗莎是綠灣包裝工隊（Green Bay Packers）的球迷。她與丈夫麥特（Matt）及狗兒莎蒂（Sadie）住在維吉尼亞。

亞瑟爾・李斯特（Yassir Lester） 來自喬治亞州瑪麗埃塔（Marietta）的單人脫口秀諧星、作家兼演員。他曾為許多電視劇編劇，包括《女孩我最大》（Girls）和《傑洛向前衝》（*The Carmichael Show*），最近則在Fox影集《創造歷史》（*Making History*）當中演出。他現在很有可能正在吃奇多極辣口味玉米棒。

史黛西・倫敦（Stacy London）　最為人所知的是她主持了十年的《時尚大忌》（*What Not to Wear*）。她也在《今日秀》擔任了五年的風格特派員，並曾當《歐普拉秀》、《觀點》（*the View*）、《早安美國》，以及目前《瑞秋雷秀》（*Rachael Ray*）和Refinery29的風格來賓。她的著作《風格的真相》（*The Truth about Style*）是《紐約時報》暢銷書。她經常談論風格和自尊的主題。史黛西一直都是個瘋狂的愛貓人士，但她領養了一隻叫朵拉（Dora）的狗，牠很像貓，除了會吠叫。

諾拉・麥肯納利（Nora McInerny）　《笑出來沒關係（要哭也行）》（*It's Okay to Laugh*〔*Crying Is Cool Too*〕）的作者，以及「依舊活躍」（Still Kickin）及「青春辣寡婦俱樂部」（Hot Young Widows Club）的創辦人。諾拉亦主持播客《糟透了，謝謝關心！》（*Terrible, Thanks for Asking*）。她與家人住在明尼亞波利斯（Minneapolis）。他們是故意這麼做的；請在一月提醒她這件事。

妮西塔・J・梅拉（Nishta J. Mehra）　在田納西州曼非斯一個緊密的印度移

民社區出生長大。她在亞利桑那大學取得藝術碩士學位，過去十年在德州休士頓的埃默里／韋納學校（Emery/Weiner）教授英文、創意寫作和比較宗教學。她的作品曾刊載於《格爾尼卡》、《糖與米》（*Sugar & Rice*）以及《墨西哥灣沿岸》（*Gulf Coast*）雜誌。她的第二本文集《製造空間》（*Making Space*）將由Picador出版。梅拉和妻子吉兒（Jill）及兒子席夫（Shiv）同住，席夫每週五晚上都會一邊吃手工披薩、一邊守安息日。

拉妮亞．「照明彈」．曼西斯（LaNeah "Starshell" Menzies） 演員、演說家、歌手和作家。她在麻州洛威爾（Lowell）出生長大，喬治華盛頓大學畢業便在音樂界嶄露頭角，很快地因為共同創作出肯伊．威斯特（Kanye West）的多白金單曲〈鎖上愛情〉（Love Lockdown，2008）而獲得肯定；二〇〇九年替奧斯卡提名電影《珍愛人生》（*Precious*）寫下主題曲"I Can See in Color"。她出道專輯中的發燒曲〈生日女孩〉（Birthday Girl）問世後，成了自殺防治網站BirthdayGirlWorld.com的名稱。「照明彈」最愛的冰淇淋口味是鹽味焦糖、堅果椰香和奶油胡桃。

絲賓瑟・梅洛拉（Spencer Merolla）　視覺藝術家，她的作品探討社會實踐與喪親的物質文化。她最近的《流行過後》（*After a Fashion*）系列作品使用改造過的捐贈衣物，原本的主人因為穿著它們參加葬禮而在情感上無法再穿第二次。她辦過全國性的展覽，目前跟丈夫與一隻小巧可愛的狗住在布魯克林。

艾瑞克・梅爾（Eric Meyer）　曾做過漢堡師傅、大學網站管理員、早期部落客和其他職業。在二〇〇六年，他因「在網路上提倡卓越與效率」進入國際數位藝術與科學學院。他是「蕾貝卡的禮物」（Rebecca's Gift）的技術長，此非營利組織為了紀念他的女兒而成立。他也是An Event Apart互動設計會議的共同創辦人。艾瑞克與家人住在俄亥俄州克里夫蘭，這個城市實際上比它的風評好很多。

潔克琳・穆瑞卡特特（Jacqueline Murekatete）　一九九四年盧安達種族屠殺的倖存者，也是律師與享譽國際的人權鬥士。她是紐約非營利組織「種族屠殺倖存者基金會」（Genocide Survivors Foundation）的創辦人兼總裁，它教導人們有關種族屠殺的知識，並募款支持倖存者。潔克琳經常到學校、非政府組織和宗教場所演講，曾獲反誹謗聯盟、美國猶太委員會、全美少數族裔組織聯盟和Imbuto基金會等組織頒發的獎項。她畢業於紐約大學和班傑明卡多佐法學院（Benjamin N. Cardozo School of Law）。潔克琳目前與丈夫尚—巴布提斯（Jean-Baptiste）和年幼女兒伊娜扎（Ineza）住在紐約市，她的名字在盧安達語是「良善」的意思。

亞曼達・帕爾默（Amanda Palmer）　原本是個街頭藝人，在與另一成員組成龐克歌舞表演樂團「德勒斯登娃娃」（The Dresden Dolls），並擔任歌曲創作和鋼琴手之後，打開了知名度。接著在二〇一二年，她以個人專輯《戲劇惡魔》（*Theatre Is Evil*）在群眾募資掀起熱潮（目前全球最大的Kickstarter原創音樂專案），甫推出就躍上《告示牌》前十名，然後她在題為「請求的藝術」（The Art of Asking）TED演講中解釋了她的藝術、連結、群眾力量和人類脆弱性的哲學，並出了一本同名暢銷書。她於一九八六年麻州田徑州決賽中奪得立定跳遠金牌。

伊莉莎白・佩瑟（Elizabeth Percer）　小說《非凡教育》（*An Uncommon Education*）和《所有故事都是愛情故事》（*All Stories Are Love Stries*）的作者，也寫

了有關醫學與懷孕交叉點的詩集《超音波》（*Ultrasound*）。她擁有史丹佛大學藝術教育博士學位，並在柏克萊加州大學完成她的博士後「全美寫作專案小組」工作。即使有這麼多的成就，她還是不太會彈手指或吹口哨。她與丈夫還有三個孩子住在北加州。

愛麗絲．拉多什（Alice Radosh） 紐約市立大學神經心理學博士學位。她退休後住在紐約伍茲塔克（Woodstock），自己劈柴燒暖爐；之前則擔任紐約市青少年懷孕與教養服務市長辦公室主任。她共同編輯過有關婦女與退休的書籍，她發表過的學術著作包括高中保險套提供計畫的研究報告。現為《猶太趨勢》（*Jewish Currents*）編輯委員。

妮琪．雷莫（Nikki Reimer） 詩人、非小說作家，她在高等教育數位通訊領域工作，曾出版兩本著作*[sic]*、*DOWNVERSE*。她與丈夫和兩隻貓住在加拿大卡加利。她的雙親一九七一年在一場「水銀信使」（Quicksilver Messenger Service）的演唱會中邂逅，從此以後搖滾幾乎就是生活。

馬修・羅德里格斯（Mathew Rodriguez） 曾獲獎的酷兒拉丁裔記者、LGBTQ數位雜誌《*INTO*》的專職作者，以及《現代失落》的特約編輯。他過去曾擔任Mic的專職作者，以及愛滋病新聞網站TheBody.com的編輯。他於紐約大學亞瑟卡特新聞學院（Arthur L. Carter Journalism Institute）取得報導文學碩士學位，目前正在寫回憶錄，述說身為同性戀如何在社群媒體的時代長大。他也主持播客Slayerfest98討論他在這世上的最愛——《魔法奇兵》（*Buffy the Vampire Slayer*）。

特蕾・米勒・羅德里格斯（Tré Miller Rodríguez） 《妥協：心形回憶錄》（*Splitting the Difference: A Heart- Shaped Memoir*）以及熱門Tumblr「房裡的白象」（White Elephant in the Room）的作者。文章曾出現在《紐約時報》、《美麗佳人》與MindBodyGreen.com。她住在紐約市，並在推特上分享過多個人資訊。

茱莉・薩托（Julie Satow） 曾獲獎的記者，作品經常登上《紐約時報》，亦曾為NPR、《赫芬頓郵報》（*Huffington Post*）及其他許多媒體撰寫文章。她寫了一本關於廣場飯店（Plaza Hotel）歷史的著作，於二〇一八年由阿歇特出版公司

（Hachette）旗下的Twelve出版。她擔任非營利組織「傑德基金會」（Jed Foundation）的董事，關注年輕人心理健康。她與家人住在紐約市，每到星期一晚上都會準時收看她熱愛的《千金求鑽石》（*The Bachelorette*）。

大衛．賽克斯（David Sax）　作家兼記者，為《紐約時報》線上版和《彭博商業周刊》等刊物執筆。他最新的著作是《老派科技的復仇》（*The Revenge of Analog: Real Things and Why They Matter*）。大衛與家人住在多倫多，成員包含他在這本書中寫到的一個女兒，以及還沒能從他身上賺錢的一個兒子……（還沒）。

蕾貝卡．沙洛夫（Rebecca Soffer）　作家兼獨立顧問，她支持社會變革組織的募款和通訊往來。她住在華府，不斷追求正義和珍珠奶茶，照這個順序。

瑞秋．史卡勒（Rachel Sklar）　住在紐約的作家、創業家和女性主義者。她經常撰寫政治、文化和性別相關文章，並在活動和電視上演講。她曾為歐巴馬總統撰寫笑話，這還滿酷的。十年後要是她的女兒認為媽媽很呆，請告訴她這件事。

艾琳・史密斯（Eileen Smith）　美國出生、二〇〇四年後住在智利聖地牙哥的作家兼攝影師。專門撰寫有關旅遊、美食、美酒、文化和語言的散文和故事，並對身分認同、歸屬感和地位議題很感興趣。她寫了一本尚未出版的回憶錄，目前名為《三十九：殺不死我的那一年》（*Thirty-Nine: The Year That Didn't Kill Me*），講述三十九歲的她如何面對比爸爸離世時年紀大的生活。她堅信石榴不是大自然為莓果季節結束所做的道歉。

凱特・史賓塞（Kate Spencer）　回憶錄《死媽媽俱樂部》（*The Dead Moms Club*）的作者。她的文章曾見於《柯夢波丹》、《君子》、《滾石》、《華盛頓郵報》、*Buzzfeed*、《沙龍》（*Salon*）、Refinery29和VH1。她長期在紐約和洛杉磯的正直公民大隊劇院（Upright Citizens Brigade Theatre）表演，並與丈夫、兩名女兒和一棵酪梨樹住在洛杉磯。她最愛的嗜好是炫耀自己有一棵酪梨樹。

布萊恩・施泰爾特（Brian Stelter）　CNN資深媒體特派記者和《可靠來源》（*Reliable Sources*）主持人，二〇〇七至二〇一三年擔任《紐約時報》媒體記者。他和大衛・卡爾（David Carr）在二〇一一年紀錄片《紐時風暴》（*Page One*）當中出現過。他到現在還保留著小學五年級以blubber一字獲得拼字比賽冠軍的獎盃，他發現要拼出這個字有多麼簡單。

海莉・譚納（Haley Tanner） 小說《瓦茨拉夫與莉娜》（*Vaclav and Lena*）的作者，述說一個你會真心喜歡的偉大愛情故事。海莉的第一個摯愛蓋文（Gavin）葬在大西洋。海莉讓他的骨灰混入人造礁石並沉入海底，為修復脆弱受損的海洋生態系統盡一份力。海莉目前與伴侶喬許（Josh）和他們的女兒碧雅翠絲（Beatrix）住在布魯克林。這些日子她若沒有跟著喬許的樂團巡迴演出，就是在努力寫第二本小說或幻想成為一名接生婆。

梅格・坦西（Meg Tansey） 慢性過度分享患者。身為同儕之間第一個失去雙親的人，梅格開始跟許多人談論哀慟。在二〇一三年，這個角色進化成在《現代失落》擔任提供建議的專欄作家。她擁有新學院的藝術碩士學位。她在康乃狄克州土生土長，現與丈夫和兩名子女居於紐約市。

瑞秋·M·沃德（Rachel M. Ward） 在Gimlet Media工作。她擁有許多閒置的Tumblr，但她最愛的是「艾未未」（Ai Weiwei）或「嗨未未」（High Weiwei）。她曾任NPR《晨間新聞》製作人及紐約羅徹斯特WXXI主持人、記者和編輯。瑞秋在馬里蘭州哥倫比亞土生土長，跟傑森·布萊爾（Jayson Blair）和麥可·謝朋（Michael Chabon）一樣。感覺還滿對的。

卡洛琳·瓦克斯勒（Caroline Waxler） 記者、喜劇作家和廣受好評投資書《囤積罪惡》（*Stocking Up on Sin*）的作者。她透過公司Harkness Hall，在紐約、洛杉磯和倫敦一些重大會議和節慶中擔任過編輯總監。她很迷獨立戰爭和尋鬼夜遊，但還沒參加過涵蓋前者的後者。

安娜·薇絲頓唐納森（Anna Whiston-Donaldson） 《紐約時報》暢銷書《罕鳥：失去與愛的回憶錄》（*Rare Bird: A Memoir of Loss and Love*）的作者，這本著作記錄了她在一場意外中失去了十二歲兒子的早期深刻哀慟。它被《出版者週刊》選為二〇一四年最佳書籍之一。安娜在她的作品、演講和課堂中探索的主題，包括社群、信念、脆弱性，以及人生不如意時如何存活下去。她有一個部落格「一寸灰」（An Inch of Gray）。安娜從沒喝過一杯咖啡，但很樂意跟你在星巴克見面。

蘿蘋・伍德曼（Robyn Woodman）　住在美國和義大利的女性成功教練兼作家。她透過私人和團體訓練花時間鼓勵他人把生活過到最好，並提供精心策畫的旅遊經驗。她目前正在寫回憶錄，記錄她成為年輕寡婦後，發現已故丈夫是連續偷吃犯的經驗，把焦點放在後續難以預料（且經常引人發噱）的個人成長。當被問到為什麼做某件事時，蘿蘋通常都會回答：「為什麼不做？」她從來不對探險說不。

國家圖書館出版品預行編目（CIP）資料

練習放手：你不需要忍住悲傷,與失落中的自己對話／蕾貝卡・索佛（Rebecca Soffer），嘉貝麗・柏克納（Gabrielle Birkner）編著；洪慈敏譯.
-- 初版. -- 新北市：臺灣商務印書館股份有限公司, 2021.01
400面；14.8×21公分（Ciel）
譯自：Modern Loss: Candid Conversation About Grief. Beginners Welcome

ISBN 978-957-05-3297-5（平裝）

1.悲傷 2.失落

176.5 109018992

Ciel

練習放手

你不需要忍住悲傷，與失落中的自己對話

Modern Loss: Candid Conversation About Grief. Beginners Welcome

作　　者—蕾貝卡・索佛（Rebecca Soffer）、嘉貝麗・柏克納（Gabrielle Birkner）
譯　　者—洪慈敏

發 行 人—王春申
選書顧問—林桶法、陳建守
總 編 輯—張曉蕊
責任編輯—何宣儀
特約編輯—賴譽夫
封面設計—高茲琳
內頁設計—黃淑華

營業組長—何思頓
行銷組長—張家舜
影音組長—謝宜華
出版發行—臺灣商務印書館股份有限公司
23141 新北市新店區民權路 108-3 號 5 樓（同門市地址）
電話：（02）8667-3712　傳真：（02）8667-3709
讀者服務專線：0800056196
郵撥：0000165-1
E-mail：ecptw@cptw.com.tw
網路書店網址：www.cptw.com.tw
Facebook：facebook.com.tw/ecptw

局版北市業字第 993 號
初版一刷：2021 年 1 月
印刷廠：鴻霖印刷傳媒股份有限公司
定價：新台幣 430 元

法律顧問—何一芃律師事務所